급수 한자 익힘책

6급 대비

급수 한자 익힘책 200% 활용하기

해당 급수의 한자를 한 곳에 모아 얼마만큼 공부해야 하는지 한눈에 알 수 있도록 꾸몄습니다.

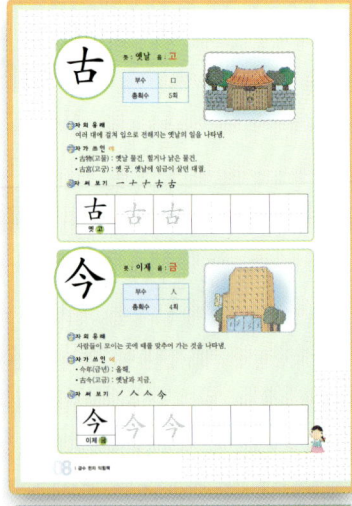

한 면에 두 자씩 익히고 쓰기 연습을 하도록 하였습니다.
쓰는 순서나 모양에 주의하여 써 보며 익힙니다.

앞서 배운 한자를 반복하여 써 보며 복습할 수 있도록 하였습니다.

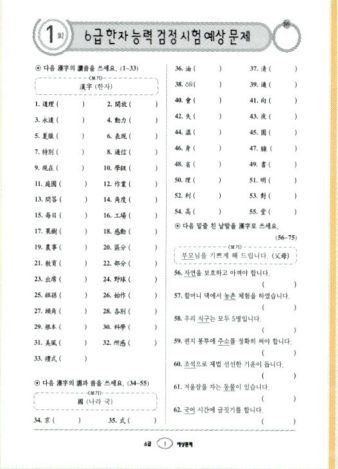

각 단원에서 익힌 한자를 제대로 공부했는지 확인할 수 있도록 구성하였습니다.

한자는 쓰기가 매우 중요합니다.
한 글자 한 글자 정성 들여 써 볼 수 있도록 하였습니다.

실제 시험과 같은 예상 문제를 풀면서 실전 경험을 익히도록 하였습니다.

한자 능력 검정 시험 안내

급수별 문제 유형

구 분	1급	2급	3급	3급II	4급	4급II	5급	6급	6급II	7급	8급
읽기 배정 한자	3,500	2,355	1,817	1,400	1,000	750	500	300	300	150	50
쓰기 배정 한자	2,005	1,817	1,000	750	500	400	300	150	50	0	0
독음	50	45	45	45	30	35	35	33	32	32	24
훈음	32	27	27	27	22	22	23	22	29	30	24
장단음	10	5	5	5	5	0	0	0	0	0	0
반의어	10	10	10	10	3	3	3	3	2	2	0
완성형	15	10	10	10	5	5	4	3	2	2	0
부수	10	5	5	5	3	3	0	0	0	0	0
동의어	10	5	5	5	3	3	3	2	0	0	0
동음 이의어	10	5	5	5	3	3	3	2	0	0	0
뜻풀이	10	5	5	5	3	3	3	2	2	2	0
필순	0	0	0	0	0	0	0	3	3	2	2
약자, 속자	3	3	3	3	3	3	3	0	0	0	0
한자 쓰기	40	30	30	30	20	20	20	20	10	0	0

합격 기준표

구 분	1급	2급	3급	3급II	4급	4급II	5급	6급	6급II	7급	8급
출제 문항 수	200	150	150	150	100	100	100	90	80	70	50
합격 문항 수	160	105	105	105	70	70	70	63	56	49	35
시험 시간	90분	60분			50분						

급수 자격의 좋은점

- 8급부터 학교 생활 기록부에 반영되며, 4급 이상부터 국가 공인 자격증이 주어진다.
- 4급 이상 급수증으로 대학 입시 수시 모집 및 특별 전형에 응시할 수 있다.
- 2005학년부터 한문 과목이 수능 선택 과목이 된다.
- 일반 기업체 인사 고과에도 한자 능력을 중시한다.

한자의 구성 원리

육서(六書)에 대하여

육서(六書)란 한자가 어떻게 만들어졌는지, 그 만들어진 원리를 설명하기 위해 고안된 것입니다. 육서는 상형(象形), 지사(指事), 회의(會意), 형성(形聲), 전주(轉注), 가차(假借)의 여섯 가지입니다. 이 육서를 알면 한자의 성생 원리는 물론이요, 글자의 뜻과 다른 글자와의 관계를 이해하는 데 큰 도움이 됩니다.

상형 문자 (象形 文字)

상형 문자는 아래와 같이 사물의 모양이나 특징을 본떠서 만든 글자입니다.

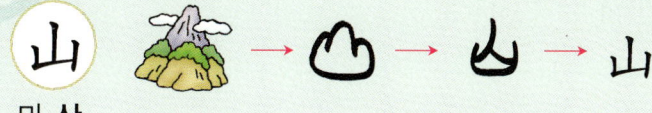

山 뫼 산

지사 문자 (指事 文字)

추상적인 뜻을 선이나 점으로 나타낸 글자입니다.

上 위 상 으 → 丄 → 노 → 上

회의 문자 (會意 文字)

상형이나 지사 문자 중에서 둘 이상의 글자를 합하여 만든 글자입니다.

明 밝을 명   日(날 일) + 月(달 월)

형성 문자 (形聲 文字)

이미 만들어진 글자의 뜻과 음을 합하여 만든 글자입니다.

洋 큰바다 양   水(물 수) + 羊(양 양)

전주 문자 (轉注 文字)

이미 있는 글자에 다른 음과 뜻을 포함시킨 글자입니다.

惡   ① 악할 악   ② 미워할 오
　　　善惡(선악)　　憎惡(증오)

가차 문자 (假借 文字)

본래의 뜻과는 상관 없이 비슷한 음을 빌려 쓴 글자입니다.

亞細亞 (아세아 → 아시아)

※ 6급에서는 육서 중 '형성, 전주, 가차'에 대해 자세히 설명합니다. ('상형, 지사, 회의'는 8·7급에서 설명함)

형성 문자 (形聲文字)

이미 만들어진 두 글자 이상을 합쳐 만든 글자라는 점에서는 회의 문자와 같습니다. 그런데 회의 문자는 합쳐지는 낱낱의 글자의 뜻이 합하여 새로운 뜻의 글자를 만들고 있는 반면, 형성 문자는 한 쪽 글자에서는 '뜻'을, 그리고 다른 쪽 글자에서는 '소리'를 따서 만들어진 점이 다릅니다.

형성 문자	구성 내용	설명
梨 배 리	利(이로울 리) + 木(나무 목) → 梨	뜻을 나타내는 木(나무)와 음을 나타내는 利(리)를 합하여 배나무에 열리는 과일을 뜻하는 梨(리)자를 만들었습니다.
洋 큰바다 양	水(물 수) + 羊(양 양) → 洋	뜻을 나타내는 水(물)와 음을 나타내는 羊(양)을 합하여 큰바다를 뜻하는 洋(양)자를 만들었습니다.
聞 들을 문	門(문 문) + 耳(귀 이) → 聞	뜻을 나타내는 耳(귀)와 음을 나타내는 門(문)을 합하여 '듣는다'를 뜻하는 聞(문)자를 만들었습니다.
姑 시어미 고	女(계집 녀) + 古(예 고) → 姑	뜻을 나타내는 女(계집, 여자)와 음을 나타내는 古(고)를 합하여 '시어미'를 뜻하는 姑(고)자를 만들었습니다.
記 기록할 기	言(말씀 언) + 己(몸 기) → 記	뜻을 나타내는 言(말씀)과 음을 나타내는 己(기)를 합하여 '기록하다'를 뜻하는 記(기)자를 만들었습니다.
忌 꺼릴 기	己(몸 기) + 心(마음 심) → 忌	뜻을 나타내는 心(마음)과 음을 나타내는 己(기)를 합하여 '꺼리다'를 뜻하는 忌(기)자를 만들었습니다.

전주 문자 (轉注文字)

전주 문자는 새로운 글자를 만드는 것이 아니라, 이미 만들어져 있는 문자를 다른 뜻으로 사용하는 원리입니다. 이 때 음을 그대로 쓰기도 하고 바꾸어 쓰기도 합니다.

전주 문자	① 뜻과 음	용례	② 뜻과 음	용례
上	위 상	상관(上官) : 자기보다 직위가 높은 관리	오를 상	상륙(上陸) : 물에서 뭍으로 오름
長	긴 장	장단(長短) : 길고 짧음	어른 장	촌장(村長) : 그 마을에서 우두머리가 되는 어른
容	얼굴 용	용모(容貌) : 사람의 얼굴 모양	담을 용	용기(容器) : 물건을 담는 데 쓰는 그릇
便	편할 편	편리(便利) : 편하고 이로움	오줌 변	소변(小便) : 오줌 대변(大便) : 똥
惡	악할 악	선악(善惡) : 착하고 악한 것	미워할 오	증오(憎惡) : 남을 몹시 미워함.
樂	풍류 악	악기(樂器) : 음악을 연주하는 기구	즐길 락	오락(娛樂) : 즐겁게 노는 일
什	열 십	십장(什長) : 인부를 감독하는 사람	세간 집	집기(什器) : 살림살이에 쓰는 기구

가차 문자 (假借文字)

한자는 뜻글자이지만 소리를 나타내는 의성어나 모양을 나타내는 의태어, 그리고 외래어를 표현할 때에는 뜻과는 상관 없이 음만을 빌어다 사용하는데, 그런 글자를 가차 문자라고 합니다.

■ 의성어를 나타내는 말

丁丁 — 정정 : 도끼로 나무를 찍는 소리를 나타내는 말

丁 — (고무래 정)은 원래 곡식을 고르게 펴 넣거나 모을 때 쓰는 농기구로, 그 음만 따 온 것입니다.

■ 의성어를 나타내는 말

堂堂 — 당당 : 의젓하고 씩씩한 모습을 나타내는 말

堂 — (집 당)은 '집'을 뜻하는 말로 '사당(祠堂 : 신주를 모시는 집)' 등으로 쓰이는데, 그 음만을 따서 당당이 됩니다.

■ 외래어를 나타내는 말

耶蘇 — 야소 : 예수를 나타낸 말

拿破崙 — 나파륜 : '나폴레옹'을 나타낸 말

印度 — 인도 : '인디아'를 나타낸 말

佛蘭西 — 불란서 : '프랑스'를 나타낸 말

瑞西 — 서서 : '스위스'를 나타낸 말

亞細亞 — 아세아 : '아시아'를 나타낸 말

弗 — 불 : 미국의 화폐 단위인 달러를 나타낸 말

6급 한자 익힘책

한자 다운로드 중…

古 옛 고	今 이제 금	强 굳셀 강	弱 약할 약		
遠 멀 원	近 가까울 근	晝 낮 주	夜 밤 야	死 죽을 사	短 짧을 단
讀 읽을 독	書 글 서	反 돌이킬 반	省 살필 성	表 겉 표	意 뜻 의
光 빛 광	明 밝을 명	理 다스릴 리	由 말미암을 유	果 실과 과	樹 나무 수
太 클 태	陽 볕 양	風 바람 풍	雪 눈 설	英 꽃부리 영	根 뿌리 근
米 쌀 미	李 오얏 리	交 사귈 교	感 느낄 감	美 아름다울 미	術 재주 술
音 소리 음	樂 즐길 락	才 재주 재	童 아이 동	級 등급 급	訓 가르칠 훈
庭 뜰 정	園 동산 원	黃 누를 황	石 돌 석	部 거느릴 부	分 나눌 분
特 특별할 특	別 나눌 별	球 공 구	角 뿔 각		

(주)교학사 / 급수 한자 익힘책

6급 한자 익힘책

公 공변될 공	共 함께 공	現 나타날 현	代 대신할 대		
社 모일 사	會 모일 회	信 믿을 신	號 부르짖을 호	新 새 신	聞 들을 문
身 몸 신	體 몸 체	衣 옷 의	服 옷 복	親 친할 친	族 겨레 족
形 모양 형	成 이룰 성	勇 날랠 용	者 놈 자	注 물댈 주	油 기름 유
通 통할 통	行 갈 행	速 빠를 속	度 법도 도	路 길 로	線 줄 선
運 돌 운	用 쓸 용	集 모을 집	計 셈할 계	圖 그림 도	章 글 장
例 법식 례	題 제목 제	區 구분할 구	郡 고을 군	各 각각 각	界 지경 계
勝 이길 승	戰 싸울 전	習 익힐 습	作 지을 작	病 병 병	席 자리 석
消 사라질 소	失 잃을 실	半 반 반	窓 창 창		

(주)교학사 / 급수 한자 익힘책

6급 한자 익힘책

한자 다운로드 중…

한자 학습이 끝나면 잘 오려서 책상 앞에 붙여 놓아야지~.

한자 학습은 계속 되어야 해, 쭈~~욱

78쪽 綠 푸를 록	78쪽 永 길 영	79쪽 神 귀신 신	79쪽 禮 예도 례		
80쪽 開 열 개	80쪽 業 일 업	81쪽 功 공 공	81쪽 第 차례 제	82쪽 飮 마실 음	82쪽 式 법 식
84쪽 番 차례 번	84쪽 發 필 발	85쪽 急 급할 급	85쪽 高 높을 고	86쪽 利 이로울 리	86쪽 朴 순박할 박
87쪽 京 서울 경	87쪽 朝 아침 조	88쪽 野 들 야	88쪽 使 부릴 사	92쪽 本 근본 본	92쪽 始 처음 시
93쪽 孫 손자 손	93쪽 等 같을 등	94쪽 淸 맑을 청	94쪽 洋 큰바다 양	95쪽 言 말씀 언	95쪽 向 향할 향
96쪽 銀 은 은	96쪽 定 정할 정	98쪽 畫 그림 화	98쪽 科 과목 과	99쪽 班 나눌 반	99쪽 對 대할 대
100쪽 醫 의원 의	100쪽 藥 약 약	101쪽 溫 따뜻할 온	101쪽 昨 어제 작	102쪽 在 있을 재	102쪽 愛 사랑 애
106쪽 堂 집 당	106쪽 放 놓을 방	107쪽 多 많을 다	107쪽 幸 다행 행	108쪽 苦 쓸 고	108쪽 待 기다릴 대
109쪽 頭 머리 두	109쪽 目 눈 목	110쪽 和 화목할 화	110쪽 合 합할 합		

(주)교학사 / 급수 한자 익힘책

古

뜻 : **옛날** 음 : **고**

부수	口
총획수	5획

글자의 유래
여러 대에 걸쳐 입으로 전해지는 옛날의 일을 나타냄.

글자 가 쓰인 예
- 古物(고물) : 옛날 물건. 헐거나 낡은 물건.
- 古宮(고궁) : 옛 궁. 옛날에 임금이 살던 대궐.

한자 써 보기   一 十 古 古 古

옛 **고**

今

뜻 : **이제** 음 : **금**

부수	人
총획수	4획

글자의 유래
사람들이 모이는 곳에 때를 맞추어 가는 것을 나타냄.

글자 가 쓰인 예
- 今年(금년) : 올해.
- 古今(고금) : 옛날과 지금.

한자 써 보기   丿 人 𠆢 今

이제 **금**

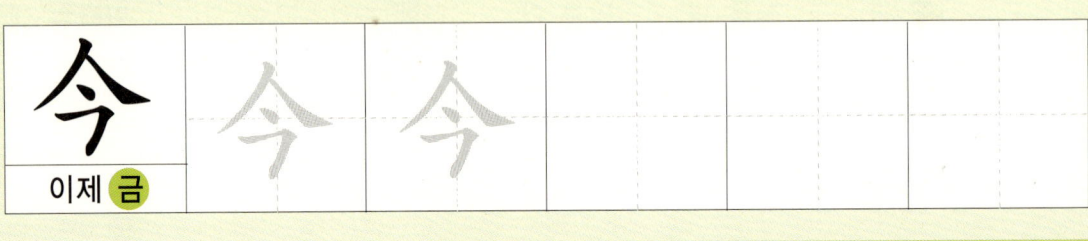

強

뜻 : 굳세다   음 : **강**

부수	弓
총획수	12획

글자의 유래
껍질이 단단하고 강한 벌레의 모양을 나타냄.

글자가 쓰인 **예**
- 強力(강력) : 힘이 셈.
- 富強(부강) : 부유하고 강력함.

한자 써 보기   ⁷ ㄱ 弓 弓 弓' 弓' 弱 弱 弭 強 強

強					
굳셀 **강**					

弱

뜻 : 약하다   음 : **약**

부수	弓
총획수	10획

글자의 유래
어린 새가 약한 두 날개를 펼친 모습으로 '약함, 여림'을 나타냄.

글자가 쓰인 **예**
- 弱者(약자) : 약한 사람.
- 強弱(강약) : 굳셈과 여림.

한자 써 보기   ⁷ ㄱ 弓 弔 弔 弱 弱 弱

弱					
약할 **약**					

6급

遠

뜻 : 멀다　음 : **원**

부수	辶
총획수	14획

글자 의 유래
걸어갈 때 길이 길다는 데에서 '멀다'를 나타냄.

글자 가 쓰인 예
- 遠大(원대) : 뜻이 깊고 큼.
- 遠視(원시) : 먼 데 것은 잘 보이고, 가까운 데 것은 잘 보이지 않는 시력.

한자 써 보기

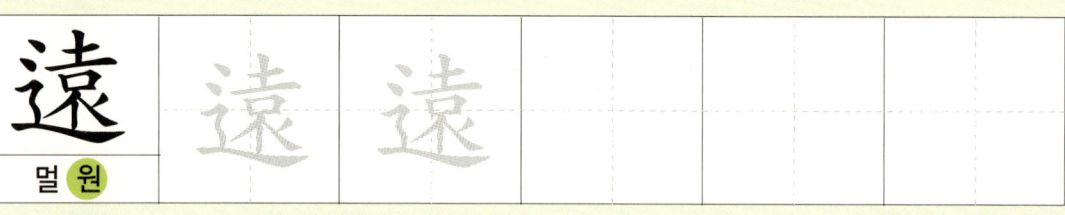

遠 멀 **원**					

近

뜻 : 가깝다　음 : **근**

부수	辶
총획수	8획

글자 의 유래
물건의 무게를 달 때 저울 추를 조금씩 옮긴다는 데에서 '가깝다'를 나타냄.

글자 가 쓰인 예
- 近來(근래) : 요즈음.
- 遠近(원근) : 멀고 가까움.

한자 써 보기

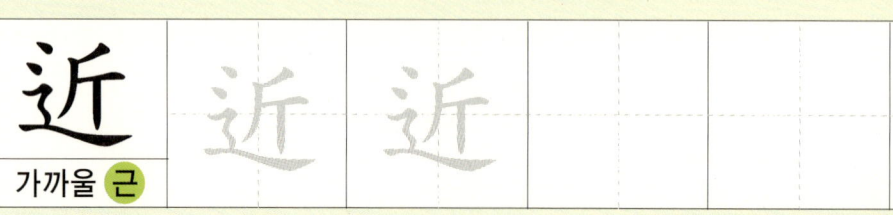

近 가까울 **근**					

晝

뜻 : 낮   음 : 주

부수	日
총획수	11획

글자의 유래
해가 뜨면서 밤과 낮의 경계가 생김을 나타냄.

글자가 쓰인 예
- 晝間(주간) : 낮 동안.
- 晝夜(주야) : 낮과 밤.

한자 써 보기   フ ユ ヨ ヨ 聿 聿 書 書 書 晝 晝

晝 낮 주	晝	晝			

夜

뜻 : 밤   음 : 야

부수	夕
총획수	8획

글자의 유래
저녁이 지나 밤이 되어 모든 생물이 잠을 자는 것을 나타냄.

글자가 쓰인 예
- 夜景(야경) : 밤의 경치.
- 夜學(야학) : 밤에 배우는 공부.

한자 써 보기   丶 亠 广 广 产 产 夜 夜

夜 밤 야	夜	夜			

死

뜻 : 죽다 음 : **사**

부수	歹
총획수	6획

글자의 유래
생명이 다하여 뼈만 앙상한 상태로 되어 죽음을 나타냄.

글자가 쓰인 예
- 死生(사생) : 죽음과 삶.
- 死力(사력) : 죽기를 무릅쓰고 쓰는 힘.

한자 써 보기   一 厂 歹 歹 死 死

죽을 **사**

短

뜻 : 짧다 음 : **단**

부수	矢
총획수	12획

글자의 유래
화살로 작고 짧은 물건을 재는 모습에서 '짧음'을 나타냄.

글자가 쓰인 예
- 短命(단명) : 오래 살지 못함. 짧은 목숨.
- 短期(단기) : '단기간'의 준말로, 짧은 기간을 말함.

한자 써 보기   ノ ト ㅏ 느 ㅓ 矢 矢 矢 知 知 知 短 短 短

짧을 **단**

배운 한자를 써 보시오.

古 옛 고							
今 이제 금							
強 굳셀 강							
弱 약할 약							
遠 멀 원							
近 가까울 근							
晝 낮 주							
夜 밤 야							
死 죽을 사							
短 짧을 단							

讀

뜻 : 읽다　음 : **독**

부수	言
총획수	22획

글자 의 유 래
물건을 팔 때처럼 책을 소리내어 읽는 것을 나타냄.

글자 가 쓰 인 예
- 讀書(독서) : 글을 읽음.
- 讀者(독자) : 신문, 책 등을 읽는 사람.

한자 써 보 기　亠 亖 言 訁 訁 訁 訁 讀 讀 讀 讀 讀

讀	讀	讀			
읽을 독					

書

뜻 : 글　음 : **서**

부수	曰
총획수	10획

글자 의 유 래
사람이 하는 말을 붓으로 쓴 글을 나타냄.

글자 가 쓰 인 예
- 書堂(서당) : 옛날 아이들이 글을 배우던 곳.
- 書記(서기) : 회의 같은 데에서 기록을 맡아 보는 사람.

한자 써 보 기　一 ㄱ ㅋ 申 帇 書 書 書 書 書

書	書	書			
글 서					

反

뜻: 돌이키다 음: **반**

부수	又
총획수	4획

글자의 유래
바윗돌을 손으로 뒤집었다 엎었다 하여 반대하거나 돌이킴을 나타냄.

글자가 쓰인 예
- 反對(반대) : 남의 말이나 의견을 거슬러 틀리다고 주장함.
- 反則(반칙) : 법칙이나 규정에 어그러짐.

한자 써 보기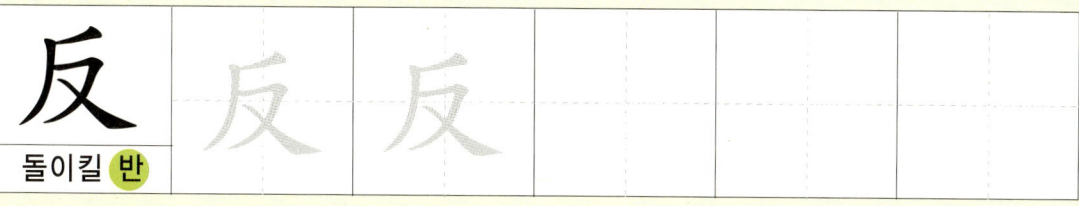

反 돌이킬 **반**	反	反			

省

뜻: 살피다 음: **성**
뜻: 덜다 음: **생**

부수	目
총획수	9획

글자의 유래
눈을 조금 뜨고 자세하게 잘 살핌을 나타냄.

글자가 쓰인 예
- 反省(반성) : 자기가 한 일을 스스로 돌이켜 생각함.
- 省略(생략) : 덜어서 줄임.

한자 써 보기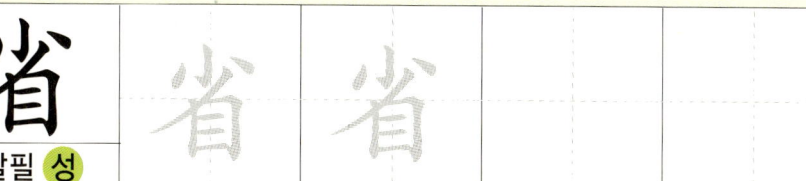

省 살필 **성**	省	省			

表

뜻 : 겉   음 : 표

부수	衣
총획수	8획

글자의 유래
털이 있는 옷은 그 털을 바깥쪽으로 하여 입는다는 것을 나타냄.

글자가 쓰인 예
- 表面(표면) : 바깥 면. 겉모양.
- 表現(표현) : 표면에 나타내 보임.

한자 써 보기   一 十 丰 圭 굴 耂 耒 表

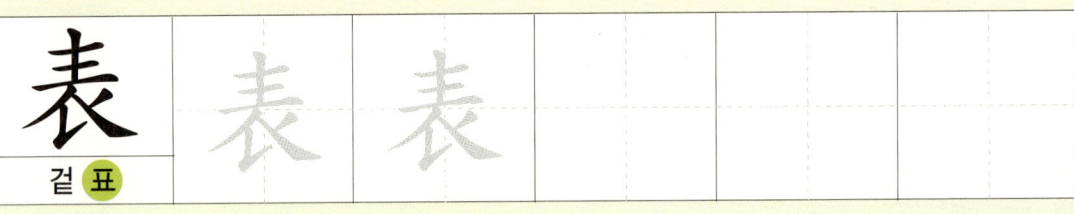

겉 표

意

뜻 : 뜻   음 : 의

부수	心
총획수	13획

글자의 유래
말로 나타내고 싶은 마음 속의 생각이나 뜻을 나타냄.

글자가 쓰인 예
- 意思(의사) : 마음먹은 생각.
- 表意(표의) : 말의 뜻을 글자로 나타냄.

한자 써 보기   丶 一 亠 立 咅 音 音 音 意 意 意

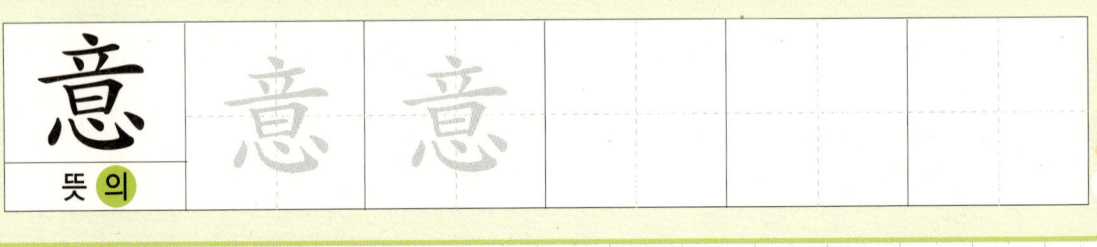

뜻 의

光

뜻: 빛　음: **광**

부수	儿
총획수	6획

글자 의 유래
밝은 횃불을 들고 있는 사람을 나타냄.

글자 가 쓰인 **예**
- 光明(광명) : 밝은 빛. 밝게 빛남.
- 風光(풍광) : 경치.

한자 써 보기　丨　丬　丬　业　⺍　光

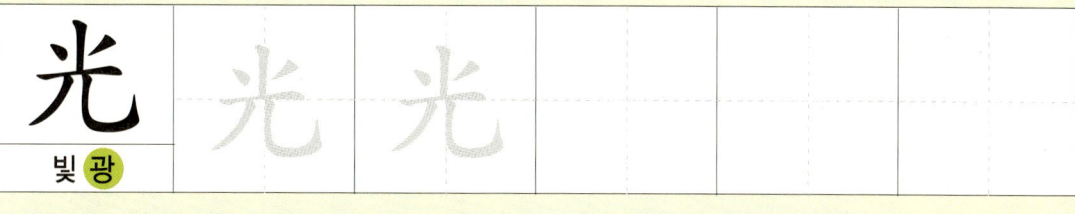

光 빛 **광**	光	光			

明

뜻: 밝다　음: **명**

부수	日
총획수	8획

글자 의 유래
해와 달이 빛을 내어 밝음을 나타냄.

글자 가 쓰인 **예**
- 明日(명일) : 내일.
- 失明(실명) : 눈이 멂.

한자 써 보기　丨　冂　月　日　日丨　明　明　明

明 밝을 **명**	明	明			

理

뜻 : 다스리다 음 : 리

부수	王
총획수	11획

글자 의 유래
구슬의 무늬를 닦듯이 잘 다스려 빛냄을 나타냄.

글자 가 쓰인 예
- 理解(이해) : 사리를 분별하여 잘 앎.
- 天理(천리) : 하늘의 바른 도리.

한자 써 보기 　一 丁 王 玑 玾 珅 珅 理 理

理	理	理			
다스릴 리					

由

뜻 : 말미암다 음 : 유

부수	田
총획수	5획

글자 의 유래
나뭇가지에서 비롯되는 열매의 모양을 나타냄.

글자 가 쓰인 예
- 由來(유래) : 사물의 내력.
- 理由(이유) : 어떤 결과에 이른 까닭이나 근거.

한자 써 보기 　丨 冂 日 由 由

由	由	由			
말미암을 유					

✏️ 배운 한자를 써 보시오.

讀 읽을 독	讀	讀				
書 글 서	書	書				
反 돌이킬 반	反	反				
省 살필 성	省	省				
表 겉 표	表	表				
意 뜻 의	意	意				
光 빛 광	光	光				
明 밝을 명	明	明				
理 다스릴 리	理	理				
由 말미암을 유	由	由				

연습문제 1회

공부한날	월	일	점수

다음 글에서 밑줄 친 한자의 독음을 쓰시오. (1~3)

1
우리는 <u>老弱者</u>를 보호해야 합니다.
(   )

2
그 사람은 낮에 일을 마친 후 <u>夜學</u>에 다니며 공부를 했다고 합니다.
(   )

3
우주선을 발사하기 위해서는 <u>强力</u>한 에너지가 필요합니다.
(   )

다음 글의 밑줄 친 부분에 공통으로 쓰이는 한자를 쓰시오. (4~7)

4 ┌ 그 의견에 <u>반</u>대하는 사람들이 많았습니다.
   └ 일기를 쓰며 친구와 다툰 일을 <u>반</u>성하였습니다. □

5 ┌ 가을은 독<u>서</u>하기에 좋은 계절입니다.
   └ 옛날에는 <u>서</u>당에서 글을 배웠다고 합니다. □

6 ┌ 예술은 자기 자신을 <u>표</u>현하는 방법입니다.
   └ 물건의 <u>표</u>면이 너무 거칠어서 사용할 때 불편합니다. □

7 ┌ 그 사람은 무슨 일에든 <u>이</u>유를 대곤 합니다.
   └ 올바른 <u>이</u>치를 따져서 옳고 그름을 가려야 할 것입니다. □

다음 한자에 반대 되는 한자를 쓰고, 그 뜻과 음을 쓰시오. (8~11)

8 古 ⇔ ◯　　9 强 ⇔ ◯
 (　　　)　　　　 (　　　)

10 遠 ⇔ ◯　　11 死 ⇔ ◯
 (　　　)　　　　 (　　　)

다음 뜻과 음에 알맞은 한자를 보기 에서 찾아 쓰시오. (12~17)

보기	光　畫　意　省　理　由

12 낮 주　(　　　)　　13 빛 광　(　　　)

14 살필 성　(　　　)　　15 뜻 의　(　　　)

16 다스릴 리 (　　　)　　17 말미암을 유 (　　　)

다음 ☐ 안에 공통으로 쓰이는 한자를 쓰시오. (18~20)

18　☐月 / 日
　　☐月 : 밝은 달.
　　☐日 : 내일.

19　遠☐ / 來
　　遠☐ : 멀고 가까움.
　　☐來 : 요즈음.

20　☐書 / 者
　　☐書 : 글을 읽음.
　　☐者 : 글을 읽는 사람.

6급 | 21

果

뜻 : 실과　음 : 과

부수	木
총획수	8획

글자의 유래
나무에 열린 열매의 모양을 나타냄.

글자가 쓰인 예
- 果實(과실) : 식용으로 할 수 있는 나무의 열매.
- 結果(결과) : 열매를 맺음. 어떤 원인으로 말미암아 생긴 결말의 상태.

한자 써 보기　丨 日 旦 甲 果 果

果 실과 과	果	果			

樹

뜻 : 나무　음 : 수

부수	木
총획수	16획

글자의 유래
모든 나무를 세워 심는 것을 나타냄.

글자가 쓰인 예
- 街路樹(가로수) : 길을 따라 줄지어 심은 나무.
- 果樹(과수) : 먹을 수 있는 열매를 거두기 위하여 가꾸는 나무의 총칭.

한자 써 보기　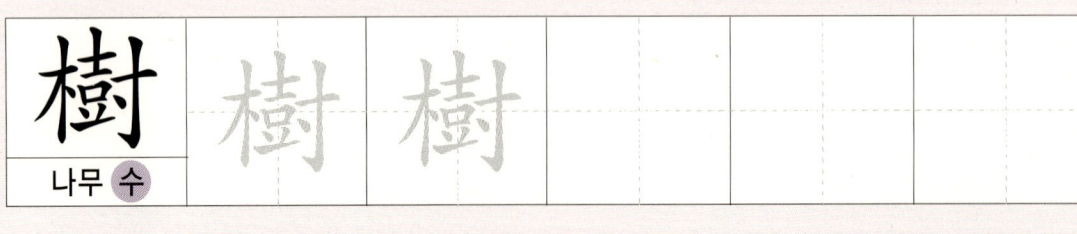

樹 나무 수	樹	樹			

太

뜻 : 크다　음 : **태**

부수	大
총획수	4획

글자의 유래
'ヽ'은 글자를 거듭한다는 것으로 '大'를 둘 겹쳐서 아주 큼을 나타냄.

글자가 쓰인 예
- 太陽(태양) : 해.
- 太平(태평) : 나라나 집안이 잘 다스려져 평안함.

한자 써 보기　一　ナ　大　太

太	太	太			
클 태					

陽

뜻 : 볕　음 : **양**

부수	阝
총획수	12획

글자의 유래
남쪽 언덕에 내리쬐는 햇빛을 나타냄.

글자가 쓰인 예
- 陽光(양광) : 햇빛. 태양.
- 陽地(양지) : 볕이 바로 드는 곳.

한자 써 보기　′　彡　阝　阝⁷　阝⁸　阝⁹　阝ᵃ　陽　陽

陽	陽	陽			
볕 양					

風

뜻: 바람　**음**: 풍

부수	風
총획수	9획

글자의 유래
공기의 움직임이 바람을 일으켜서 생물들이 움직이는 모습을 나타냄.

글자가 쓰인 예
- 風景(풍경) : 경치.
- 風習(풍습) : 풍속. 습관.

한자 써 보기　丿 几 凡 凡 凤 風 風 風

風	風	風			
바람 풍					

雪

뜻: 눈　**음**: 설

부수	雨
총획수	11획

글자의 유래
비가 하늘에서 얼어 손으로 받을 수 있는 눈으로 내리는 것을 나타냄.

글자가 쓰인 예
- 白雪(백설) : 흰눈.
- 大雪(대설) : 아주 많이 오는 눈.

한자 써 보기　一 厂 厂 币 雨 雪 雪 雪 雪

雪	雪	雪			
눈 설					

英

뜻 : 꽃부리 음 : **영**

부수	艹
총획수	9획

글자 의 유래
풀의 한가운데서 피어난 꽃의 중심부인 꽃부리를 나타냄.

글자 가 쓰인 **예**
- 英國(영국) : 유럽의 북대서양에 있는 섬나라.
- 英才(영재) : 뛰어난 재주를 지닌 사람. 또는 뛰어난 재주.

한자 써 보기   ' ㅛ ㅛ 艹 艹 苎 苎 英 英

英 꽃부리 영	英	英			

根

뜻 : 뿌리 음 : **근**

부수	木
총획수	10획

글자 의 유래
나무의 끝인 뿌리를 말하며, 이는 모든 것의 근본임을 나타냄.

글자 가 쓰인 **예**
- 根本(근본) : 사물의 본바탕.
- 草根(초근) : 풀의 뿌리.

한자 써 보기   一 十 才 木 木' 木? 杞 根 根

뜻 : 쌀   음 : 미

부수	米
총획수	6획

글자의 유래
쌀이 흩어져 있는 모양을 나타냄.

글자가 쓰인 **예**
- 白米(백미) : 흰 쌀.
- 玄米(현미) : 왕겨만 벗겨 낸 쌀.

한자 써 보기   丶 丶 丶 二 半 米 米

米 쌀 미	米	米			

뜻 : 오얏   음 : 리

부수	木
총획수	7획

글자의 유래
오얏나무에 열매가 열린 것을 나타냄.

글자가 쓰인 **예**
- 李花(이화) : 자두꽃.
- 行李(행리) : 여행할 때에 쓰는 모든 기구.

한자 써 보기   一 十 才 木 本 李 李

李 오얏 리	李	李			

배운 한자를 써 보시오.

果 실과 과	果	果				
樹 나무 수	樹	樹				
太 클 태	太	太				
陽 볕 양	陽	陽				
風 바람 풍	風	風				
雪 눈 설	雪	雪				
英 꽃부리 영	英	英				
根 뿌리 근	根	根				
米 쌀 미	米	米				
李 오얏 리	李	李				

뜻 : 사귀다　음 : **교**

부수	亠
총획수	6획

글자의 유래
사람의 두 다리가 교차해 있는 모양을 나타냄.

글자가 쓰인 예
- 交流(교류) : 문화, 경제, 경험 등을 서로 소개하거나 교환함.
- 外交(외교) : 서로 다른 나라와 정치, 문화 등의 관계를 맺음.

한자 써 보기　丶　亠　ᅩ　六　亣　交

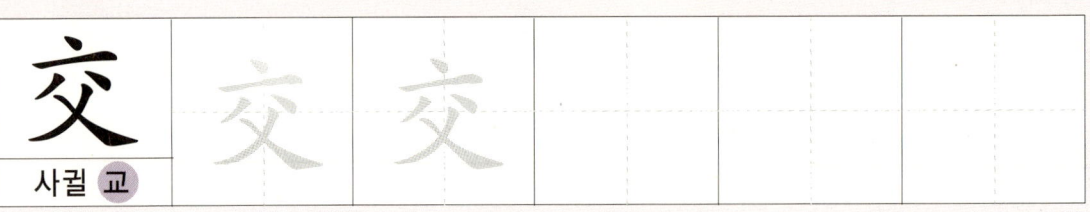

사귈 **교**

뜻 : 느끼다　음 : **감**

부수	心
총획수	13획

글자의 유래
마음 가득 고마움을 느낀다는 데에서 '감동'을 나타냄.

글자가 쓰인 예
- 交感(교감) : 서로 접촉하여 느끼는 감정.
- 感動(감동) : 깊이 느끼어 마음이 움직임.

한자 써 보기　一　厂　厂　厉　咸　咸　咸　感　感

느낄 **감**

美

뜻: 아름답다 음: **미**

부수	羊
총획수	9획

글자의 유래
크고 살진 양의 모습이 아름다움을 나타냄.

글자가 쓰인 **예**
- 美人(미인): 아름답게 생긴 여자.
- 美德(미덕): 아름다운 덕. 훌륭한 행위.

한자 써 보기   ˋ ˊ ˇ ¥ 羊 羊 芙 美

美	美	美			
아름다울 미					

術

뜻: 재주 음: **술**

부수	行
총획수	11획

글자의 유래
뿌리처럼 여러 가지로 뻗은 재주를 나타냄.

글자가 쓰인 **예**
- 技術(기술): 말이나 일을 솜씨 있게 하는 재간.
- 美術(미술): 아름다움을 나타내는 예술의 한 부분. 그림, 조각 등을 이르는 말.

한자 써 보기   ′ ⁀ 彳 彳 行 术 休 休 休 術 術

術	術	術			
재주 술					

音

뜻 : 소리　음 : **음**

부수	音
총획수	9획

글자의 유래
사람이 하는 말소리나 자연에서 생겨나는 소리를 나타냄.

글자가 쓰인 예
- 音曲(음곡) : 음악의 가락.
- 音樂(음악) : 음을 미적으로 결합하여 감정·정서 등을 나타내는 것.

한자 써 보기　丶 亠 亠 立 产 audio 音 音 音

音 소리 음	音	音				

樂

뜻 : 즐겁다　음 : **락**
뜻 : 풍류　　음 : **악**
뜻 : 좋아하다 음 : **요**

부수	木
총획수	15획

글자의 유래
나무에 북을 걸어 놓고 즐겁게 연주함을 나타냄.

글자가 쓰인 예
- 樂園(낙원) : 자유와 행복을 누릴 수 있는 즐겁고 살기 좋은 곳.
- 苦樂(고락) : 괴로움과 즐거움.

한자 써 보기

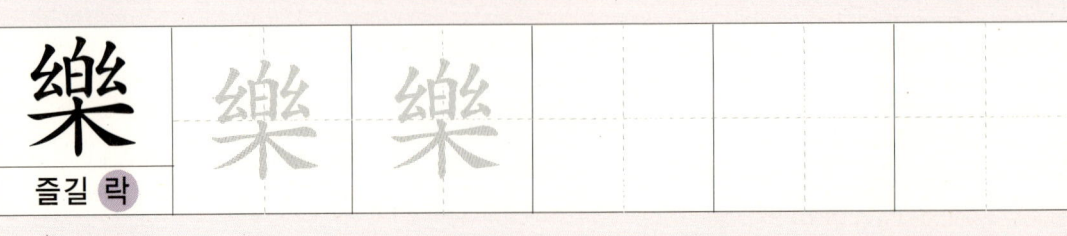

樂 즐길 락	樂	樂				

才

뜻 : 재주　음 : **재**

부수	才
총획수	3획

글자의 유래
　자라는 싹처럼 재주도 점점 자람을 나타냄.

글자가 쓰인 **예**
　• 才能(재능) : 재주와 능력.
　• 天才(천재) : 아주 뛰어난 재주를 가진 사람.

한자 써 보기　一 十 才

才 재주 재	才	才			

童

뜻 : 아이　음 : **동**

부수	立
총획수	12획

글자의 유래
　마을에 서 있는 아이를 나타냄.

글자가 쓰인 **예**
　• 童心(동심) : 어린이의 마음.
　• 才童(재동) : 재주가 있는 아이.

한자 써 보기　

童 아이 동	童	童			

級

뜻 : 등급 음 : 급

부수	糸
총획수	10획

글자의 유래
실이 차례로 이어지는 모양을 나타냄.

글자가 쓰인 예
- 級友(급우) : 같은 학급의 친구.
- 進級(진급) : 직위, 계급 따위가 오름.

한자 써 보기 ` ㄴ ㄠ 幺 乡 糸 糺 紉 級 級

級	級	級			
등급 급					

訓

뜻 : 가르치다 음 : 훈

부수	言
총획수	10획

글자의 유래
물이 흐르듯 윗사람이 아랫사람에게 말로 가르침을 나타냄.

글자가 쓰인 예
- 訓育(훈육) : 가르쳐 기름.
- 級訓(급훈) : 학급에서 교훈으로 삼는 것.

한자 써 보기 ㅡ ㅡ ㅡ 言 言 言 訓 訓 訓

訓	訓	訓			
가르칠 훈					

✏️ 배운 한자를 써 보시오.

交 사귈 교	交	交				
感 느낄 감	感	感				
美 아름다울 미	美	美				
術 재주 술	術	術				
音 소리 음	音	音				
樂 즐길 락	樂	樂				
才 재주 재	才	才				
童 아이 동	童	童				
級 등급 급	級	級				
訓 가르칠 훈	訓	訓				

연습문제

공부한날	월	일	점수

 다음 한자의 뜻과 음을 쓰시오. (1~4)

1 感 – (   )　　2 李 – (   )

3 術 – (   )　　4 陽 – (   )

 다음 글의 밑줄 친 부분에 알맞은 한자를 보기 에서 찾아 쓰시오. (5~8)

| 보기 | 太陽 | 樹立 | 音樂家 | 英語 |

5 베토벤은 장애를 극복한 위대한 음악가입니다. (   )

6 정부는 서민들을 위한 경제 안정 대책을 수립하였습니다. (   )

7 에너지를 활용하는 태양열 주택이 많은 관심을 받고 있습니다.
(   )

8 영어는 세계 공용어이므로 평소에 꾸준히 학습하는 것이 좋습니다.
(   )

 다음 뜻과 음에 알맞은 한자를 쓰시오. (9~12)

9
사귈 교

10
실과 과

11
눈 설

12
쌀 미

👦 다음 한자의 독음을 쓰시오.(13~16)

13 風光 -(   )   14 童心 -(   )

15 學級 -(   )   16 草根 -(   )

👧 다음 음에 알맞은 한자를 찾아 ○표 하시오.(17~18)

17 태 – 大 太 千 天

18 훈 – 話 訓 語 記

19 다음 각 나라의 이름을 한자로 쓰시오.

　　(1) 영국 (   )　(2) 미국 (   )　(3) 한국 (   )

20 다음 교과 과목을 한자로 쓰시오.

　　(1) 수학 (   )　(2) 미술 (   )　(3) 음악 (   )

庭

뜻 : 뜰　음 : 정

부수	广
총획수	10획

글자의 유래
비를 맞지 않도록 지붕이 있는 조정의 뜰을 나타냄.

글자가 쓰인 예
- 庭園(정원) : 집 안의 뜰.
- 校庭(교정) : 학교의 운동장.

한자 써 보기　丶 一 广 广 庄 庄 庭 庭 庭

庭 뜰 정	庭	庭			

園

뜻 : 동산　음 : 원

부수	囗
총획수	13획

글자의 유래
옷을 입고 사방이 둘러쳐진 곳을 나타냄.

글자가 쓰인 예
- 花園(화원) : 꽃이 많이 피어 있는 곳.
- 公園(공원) : 여러 사람들이 휴식을 취할 수 있는 곳.

한자 써 보기　丨 冂 冂 門 周 周 周 園 園 園 園

園 동산 원	園	園			

黃

뜻 : 누르다　음 : **황**

부수	黃
총획수	12획

글자의 유래
붉고 누런 황토색의 빛을 띤 밭을 나타냄.

글자가 쓰인 예
- 黃色(황색) : 누른 색.
- 黃金(황금) : 누른 빛을 띠는 금.

한자 써 보기　一 十 卄 艹 苎 芦 苧 苦 莆 萺 黄 黃

黃	黃	黃			
누를 **황**					

石

뜻 : 돌　음 : **석**

부수	石
총획수	5획

글자의 유래
언덕 아래에 놓여진 돌의 모양을 나타냄.

글자가 쓰인 예
- 石器(석기) : 돌로 만든 여러 가지 기구.
- 石工(석공) : 돌을 다루어 물건을 만드는 사람.

한자 써 보기　一 丆 不 石 石

石	石	石			
돌 **석**					

部

뜻 : 거느리다 음 : **부**

부수	阝
총획수	11획

글자의 유래
여러 고을을 갈라 나누어 다스림을 나타냄.

글자가 쓰인 예
- 部分(부분) : 전체를 몇 개로 나눈 것의 단위.
- 外部(외부) : 일정한 범위의 밖.

한자 써 보기 丶 亠 亠 立 咅 咅 咅 咅 咅 部 部

部 거느릴 **부**	部	部			

分

뜻 : 나누다 음 : **분**

부수	刀
총획수	4획

글자의 유래
한 자루의 막대기를 칼로 쪼개어 나눔을 나타냄.

글자가 쓰인 예
- 分明(분명) : 흐릿하지 않고 또렷함.
- 身分(신분) : 개인의 사회적 지위.

한자 써 보기 丿 八 分 分

分 나눌 **분**	分	分			

特

뜻: **특별하다** 음: **특**

부수	牛
총획수	10획

글자의 유래
제사에 많이 쓰이는 소를 특별하게 다룬다는 것을 나타냄.

글자가 쓰인 예
- 特別(특별): 평범하지 않고 보통과 다름.
- 獨特(독특): 다른 그 어떤 것과도 같지 않음.

한자 써 보기
′ ⺊ ⺧ 牛 牜 牪 牪 牪 特 特

特 特별할 **특**	特	特			

別

뜻: **나누다** 음: **별**

부수	刂
총획수	7획

글자의 유래
뼈와 살을 칼로 나누어 갈라 놓음을 나타냄.

글자가 쓰인 예
- 別世(별세): 세상을 떠남.
- 分別(분별): 서로 다른 것을 구별하여 가름.

한자 써 보기
′ 冂 口 另 号 別 別

別 나눌 **별**	別	別			

球

뜻: 공 음: 구

부수	王
총획수	11획

글자의 유래
옥돌을 가공하여 공처럼 둥글게 만드는 것을 나타냄.

글자가 쓰인 예
- 球技(구기) : 공을 갖고 하는 운동 경기. 또는 공을 다루는 솜씨.
- 地球(지구) : 인류가 살고 있는 땅.

한자 써 보기 一 T F 王 王- 玎 玗 玙 玶 球 球

球 공 구	球	球				

角

뜻: 뿔 음: 각

부수	角
총획수	7획

글자의 유래
소의 머리에 난 뿔의 모양을 본떠 나타냄.

글자가 쓰인 예
- 角度(각도) : 각의 크기.
- 三角(삼각) : 삼각형의 준말. 또는 세모.

한자 써 보기 ノ ⺈ ⺈⁻ 冇 甪 角 角

角 뿔 각	角	角				

배운 한자를 써 보시오.

庭 뜰 정	庭	庭				
園 동산 원	園	園				
黃 누를 황	黃	黃				
石 돌 석	石	石				
部 거느릴 부	部	部				
分 나눌 분	分	分				
特 특별할 특	特	特				
別 나눌 별	別	別				
球 공 구	球	球				
角 뿔 각	角	角				

뜻: 공변되다 음: **공**

부수	八
총획수	4획

글자 의 유래
사사로운 것을 나누어 공평하게 함을 나타냄.

글자 가 쓰인 **예**
- 公正(공정) : 공평하고 올바름.
- 公共(공공) : 사회나 단체의 구성원으로 공동으로 관계되는 것.

한자 써 보기 丿 八 公 公

公	公	公			
공변될 공					

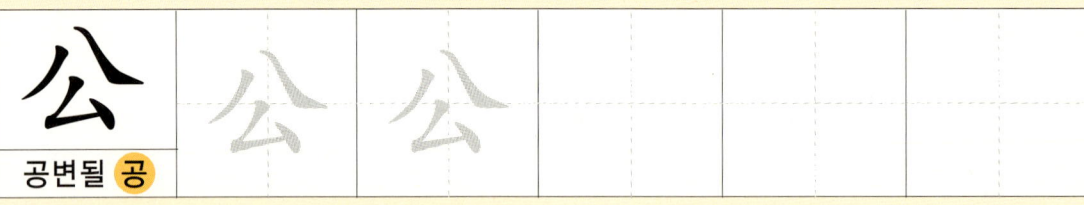

뜻: **함께** 음: **공**

부수	八
총획수	6획

글자 의 유래
물건의 양쪽을 함께 붙잡고 있는 모양을 나타냄.

글자 가 쓰인 **예**
- 共存(공존) : 함께 살아 나감.
- 共同(공동) : 둘 이상의 사람이 일을 같이 함.

한자 써 보기 一 十 卄 뀨 共 共

共	共	共			
함께 공					

現

뜻 : 나타나다 음 : **현**

부수	王
총획수	11획

글자의 유래
옥돌을 잘 다듬으면 아름다운 빛이 남을 나타냄.

글자가 쓰인 예
- 現代(현대) : 현재 살고 있는 시대.
- 現金(현금) : 현재 가지고 있는 돈. 수표나 어음이 아닌, 당장 쓸 수 있는 돈.

한자 써 보기 一 = F 王 玎 珇 珇 現 現

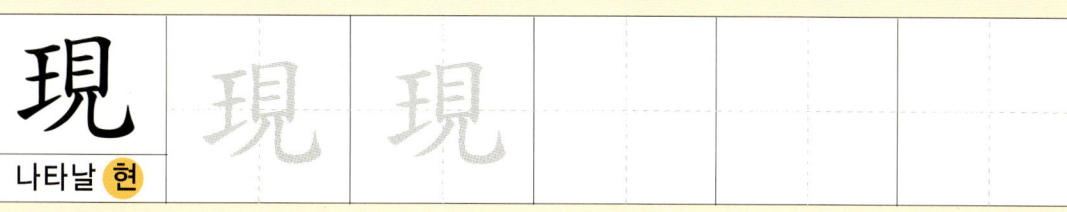

나타날 **현**

代

뜻 : 대신하다 음 : **대**

부수	亻
총획수	5획

글자의 유래
관청에서 서성이며 기다리는 모습을 나타냄.

글자가 쓰인 예
- 一代(일대) : 사람의 일생. 한 세상.
- 時代(시대) : 어떤 기준에 의해 구분된 일정한 기간.

한자 써 보기 ノ 亻 亻 代 代

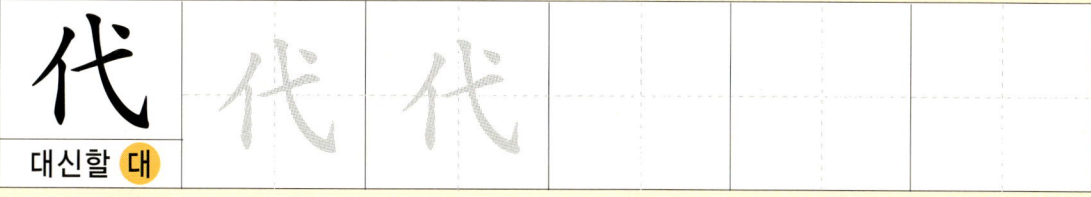

대신할 **대**

社

뜻 : 모이다　음 : 사

부수	示
총획수	8획

글자의 유래
사람들이 토지신에게 제사지내는 것을 나타냄.

글자가 쓰인 예
- 社會(사회) : 같은 무리끼리 모여 이루는 집단.
- 會社(회사) : 돈을 벌기 위하여 만든 사업 단체.

한자 써 보기　一　亠　亍　示　示　示　社　社

社 모일 사	社	社				

會

뜻 : 모이다　음 : 회

부수	曰
총획수	13획

글자의 유래
이야기할 사람들을 불러 모으는 것을 나타냄.

글자가 쓰인 예
- 會見(회견) : 서로 만나 봄.
- 會合(회합) : 여러 사람이 모임.

한자 써 보기　人　𠆢　仐　슥　슾　侖　侖　侖　侖　會　會　會

會 모일 회	會	會				

信

뜻 : 믿다　음 : **신**

부수	亻
총획수	9획

글자의 유래
사람이 하는 말이 속마음과 일치하여 믿음이 있어야 함을 나타냄.

글자가 쓰인 예
- 信義(신의) : 믿음과 의리.
- 書信(서신) : 편지.

한자 써 보기
ノ　イ　ｲ　ｲ´　ｲ⺁　伫　信　信　信

| 信
믿을 신 | 信 | 信 | | | |

號

뜻 : 부르짖다　음 : **호**

부수	虍
총획수	13획

글자의 유래
호랑이가 큰 소리로 어미를 부르는 것을 나타냄.

글자가 쓰인 예
- 號令(호령) : 지휘하는 명령. 또는 큰 소리로 꾸짖음.
- 信號(신호) : 일정한 부호나 손짓으로 서로 떨어진 사람끼리 뜻을 통하게 하는 방법.

한자 써 보기
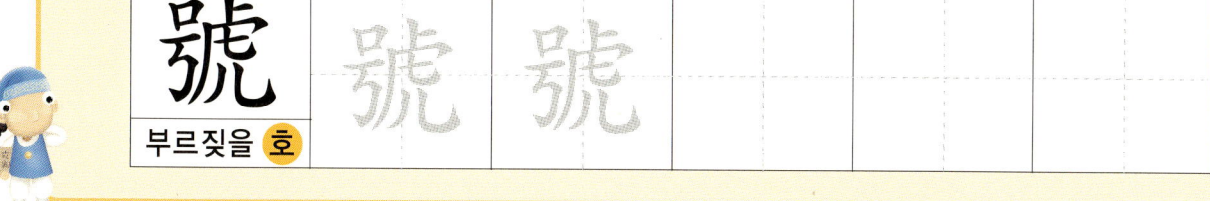

| 號
부르짖을 호 | 號 | 號 | | | |

新

뜻 : 새 음 : 신

부수	斤
총획수	13획

글자의 유래
도끼로 잘린 나무의 틈 사이에서 돋은 싹이 새로움을 나타냄.

글자가 쓰인 예
- 新年(신년) : 새해.
- 新聞(신문) : 새로운 소식을 전하는 정기 간행물.

한자 써 보기　丶 亠 亠 立 立 辛 辛 亲 亲 新 新 新 新

新 새 신	新	新			

聞

뜻 : 듣다 음 : 문

부수	耳
총획수	14획

글자의 유래
귀는 소리를 듣는 문이라 하여 '듣다'를 나타냄.

글자가 쓰인 예
- 見聞(견문) : 듣거나 보거나 하여 깨달아 얻은 지식.
- 風聞(풍문) : 바람결에 들리는 소리, 곧 소문을 뜻함.

한자 써 보기　丨 冂 冂 冂 門 門 門 門 門 閂 閏 閏 聞 聞

聞 들을 문	聞	聞			

배운 한자를 써 보시오.

公 공변될 공						
共 함께 공						
現 나타날 현						
代 대신할 대						
社 모일 사						
會 모일 회						
信 믿을 신						
號 부르짖을 호						
新 새 신						
聞 들을 문						

연습문제 3회

공부한날	월	일	점수	

다음 한자의 뜻과 음을 쓰시오. (1~4)

1 共 − (   )   2 角 − (   )

3 特 − (   )   4 分 − (   )

다음 글의 밑줄 친 부분에 공통으로 쓰이는 한자를 쓰시오. (5~8)

5 ┌ 궁궐의 정원에는 아름다운 꽃들이 만발하였습니다.
   └ 졸업을 하면 정든 교정을 떠나게 됩니다.

6 ┌ 중요한 내용을 서신에 적어 보냈습니다.
   └ 장군의 신호에 따라 병사들은 일제히 진격했습니다.

7 ┌ 아침 신문에 사고 소식이 크게 실려 있었습니다.
   └ 마을 사람들 사이에 이상한 소문이 퍼지기 시작했습니다.

8 ┌ 그는 분별력이 뛰어난 사람입니다.
   └ 친구의 아버지께서는 지난 달에 별세하셨습니다.

다음 낱말을 한자로 쓰시오. (9~12)

9 지구 (   )

10 황금 (   )

11 신호 (   )

12 공원 (   )

다음 한자의 독음을 쓰시오. (13~16)

13 外部 — (   )

14 石工 — (   )

15 社會 — (   )

16 公正 — (   )

다음 뜻과 음에 알맞은 한자를 찾아 ○ 표 하시오. (17~18)

17 공변될 공 — 平 公 工 共

18 모일 사 — 事 四 社 代

다음 뜻에 알맞은 한자를 쓰시오. (19~20)

19 대신하다 ⇨ (   )

20 나타나다 ⇨ (   )

身

뜻 : 몸　음 : 신

부수	身
총획수	7획

글자의 유래
아이를 가져 배가 나온 여자의 몸을 나타냄.

글자가 쓰인 예
- 身病(신병) : 몸에 생긴 병.
- 全身(전신) : 온 몸.

한자 써 보기　′ 亻 冂 冃 自 身 身

身	身	身				
몸 신						

體

뜻 : 몸　음 : 체

부수	骨
총획수	23획

글자의 유래
몸을 이루는 뼈와 풍부한 살 등을 나타냄.

글자가 쓰인 예
- 體格(체격) : 몸의 생김새.
- 身體(신체) : 사람의 몸.

한자 써 보기　冂 冂 冂 皿 骨 骨 骨 骨 體 體 體 體 體

體	體	體				
몸 체						

衣

뜻: 옷　음: 의

부수	衣
총획수	6획

글자의 유래
옷을 입고 깃을 여민 모양을 나타냄.

글자가 쓰인 예
- 衣服(의복) : 옷.
- 白衣(백의) : 흰 옷.

한자 써 보기　丶 一 亠 𠂇 㐄 衣

衣	衣	衣			
옷 의					

服

뜻: 옷　음: 복

부수	月
총획수	8획

글자의 유래
배에서는 선장의 말을 따라 복종해야 함을 나타냄.

글자가 쓰인 예
- 服色(복색) : 옷의 빛깔.
- 服用(복용) : 약을 먹음.

한자 써 보기　月 月 月 月⺆ 服⺆ 服 服

服	服	服			
옷 복					

親

뜻 : 친하다 음 : **친**

부수	見
총획수	16획

글자 의 유래

가까이서 보살펴 주는 어버이 또는 친한 사람을 나타냄.

글자 가 쓰인 **예**
- 親族(친족) : 촌수가 가까운 일가.
- 親近(친근) : 친하고 가까움.

한자 써 보기 ` ㅗ ㅛ 뽀 辛 亲 亲 ㄹ新 亲目 亲冃 親 親`

親	親	親			
친할 친					

族

뜻 : 겨레 음 : **족**

부수	方
총획수	11획

글자 의 유래

전쟁이 나면 깃발 아래 화살을 가진 사람들이 모여 함께 싸운다는 것을 나타냄.

글자 가 쓰인 **예**
- 魚族(어족) : 물고기의 종류.
- 民族(민족) : 인종·지역·문화 등이 같은 운명 공동체.

한자 써 보기 ` ㅗ ㅜ 方 方 㐬 族 族 族`

族	族	族			
겨레 족					

形

뜻 : **모양** 음 : **형**

부수	彡
총획수	7획

글자의 유래
털붓으로 가지런한 틀을 그린다는 데에서 '형상, 모양'을 나타냄.

글자가 쓰인 예
- 形象(형상) : 생긴 모양.
- 形成(형성) : 어떤 모양으로 이루어짐.

한자 써 보기
一 二 丰 开 开 形 形

形 모양 형	形	形			

成

뜻 : **이루다** 음 : **성**

부수	戈
총획수	7획

글자의 유래
장정들의 무성한 힘으로 일을 잘 이루는 것을 나타냄.

글자가 쓰인 예
- 成功(성공) : 이루고자 한 목적을 이룸.
- 成長(성장) : 자라서 점점 커짐.

한자 써 보기
一 厂 厂 厅 成 成 成

成 이룰 성	成	成			

勇

뜻: 날래다 음: **용**

부수	力
총획수	9획

글자의 유래
물이 솟아오르듯 힘차고 날랜 용기를 나타냄.

글자가 쓰인 예
- 勇士(용사) : 용감한 병사.
- 勇氣(용기) : 두려움이 없는 기상.

한자 써 보기
フ マ ア 丙 丙 甬 甬 勇 勇

勇	勇	勇			
날랠 용					

者

뜻: 놈 음: **자**

부수	耂
총획수	9획

글자의 유래
늙으면 머리가 하얗게 변하는 것은 '사람'임을 나타냄.

글자가 쓰인 예
- 勇者(용자) : 용감한 사람.
- 筆者(필자) : 글을 쓴 사람.

한자 써 보기
一 十 土 耂 耂 者 者

者	者	者			
놈 자					

배운 한자를 써 보시오.

身 몸 신	身	身				
體 몸 체	體	體				
衣 옷 의	衣	衣				
服 옷 복	服	服				
親 친할 친	親	親				
族 겨레 족	族	族				
形 모양 형	形	形				
成 이룰 성	成	成				
勇 날랠 용	勇	勇				
者 놈 자	者	者				

注

뜻 : 물대다 음 : 주

부수	氵
총획수	8획

글자의 유래
땅의 주인이 물을 댄다는 뜻을 나타냄.

글자가 쓰인 예
- 注入(주입) : 쏟아서 넣음.
- 注目(주목) : 시선을 모아 봄.

한자 써 보기 ｀ ｀ 氵 氵 氵 汁 注 注

注 물댈 주	注	注			

油

뜻 : 기름 음 : 유

부수	氵
총획수	8획

글자의 유래
열매에서 짜낸 기름을 나타냄.

글자가 쓰인 예
- 注油(주유) : 기름을 넣음.
- 油田(유전) : 석유가 나는 곳.

한자 써 보기 ｀ ｀ 氵 汀 汩 油 油

油 기름 유	油	油			

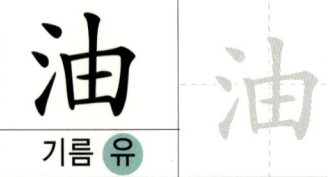

通

뜻 : 통하다 음 : **통**

부수	辶
총획수	11획

글자의 유래
좁은 길이 큰 길로 이어져 통함을 나타냄.

글자가 쓰인 예
- 通風(통풍) : 바람이 통함.
- 通告(통고) : 글이나 말로 통지하여 알림.

한자 써 보기   丆 丆 尸 甬 甬 甬 涌 涌 通 通

通 통할 통	通	通			

行

뜻 : 가다 음 : **행**

부수	行
총획수	6획

글자의 유래
사람이 두 발로 걷는 모습을 나타냄.

글자가 쓰인 예
- 行方(행방) : 간 곳이나 가는 곳.
- 通行(통행) : 통하여 다님.

한자 써 보기   ノ ノ 彳 彳 行 行

行 갈 행	行	行			

速

뜻 : 빠르다 음 : 속

부수	辶
총획수	11획

글자의 유래
약속 시간을 지키기 위해 빨리 가는 것을 나타냄.

글자가 쓰인 예
- 速記(속기) : 빨리 적음.
- 速成(속성) : 빨리 이룸.

한자 써 보기 一 ナ 厂 戸 申 車 束 束 凍 涑 速

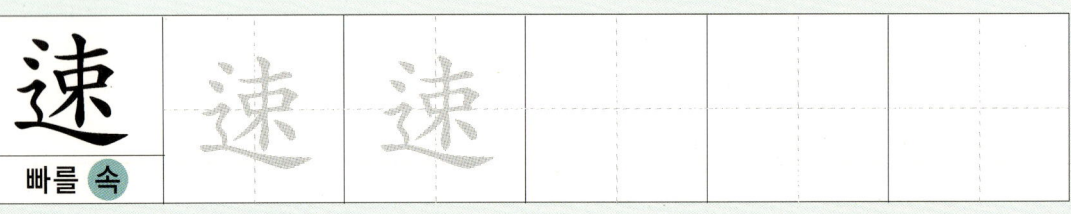

빠를 속

度

뜻 : 법도 음 : 도

부수	广
총획수	9획

글자의 유래
익숙한 사람들이 손으로 재는 것이 자로 재는 것과 같이 정확함을 나타냄.

글자가 쓰인 예
- 速度(속도) : 빠른 정도.
- 安全度(안전도) : 위험성이 없는 정도.

한자 써 보기 丶 一 广 广 庐 庐 庐 度 度

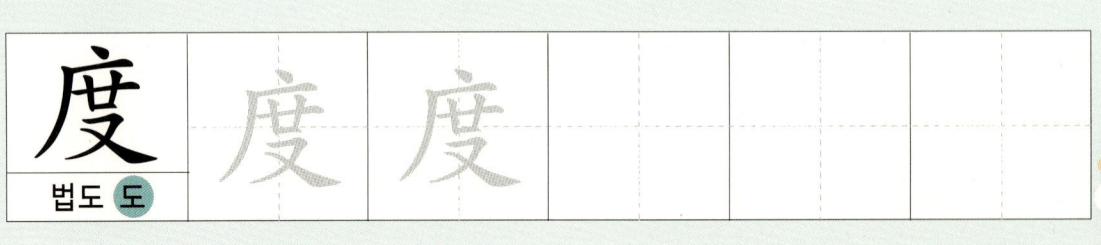

법도 도

路

뜻 : 길   음 : 로

부수	足
총획수	13획

글자의 유래
사람들이 발로 걸어다니는 길을 나타냄.

글자가 쓰인 예
- 路線(노선) : 사람들이 일정하게 정해 놓고 오가는 길.
- 行路(행로) : 세상을 살아가는 길.

한자 써 보기   ㅁ ㅁ 목 목 足 足 足¹ 足² 路 路 路 路

路	路	路			
길 로					

線

뜻 : 줄   음 : 선

부수	糸
총획수	15획

글자의 유래
샘물이 솟아 실 같은 선(물줄기)을 이룸을 나타냄.

글자가 쓰인 예
- 線路(선로) : 열차의 궤도.
- 水平線(수평선) : 바다와 하늘이 맞닿아 경계를 이루는 선.

한자 써 보기   幺 糸 糸 糸' 糹 紵 絈 綧 線

線	線	線			
줄 선					

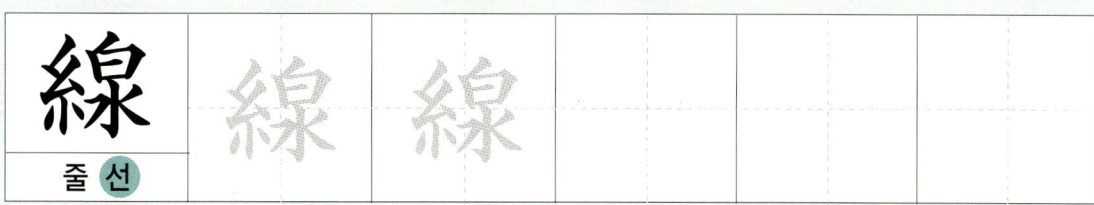

運

뜻 : 돌다   음 : 운

부수	辶
총획수	13획

글자의 유래
병사들이 바퀴가 달린 전차를 운전하여 전진함을 나타냄.

글자가 쓰인 예
- 運動(운동) : 건강을 위해 몸을 이리저리 움직임.
- 運河(운하) : 배가 다닐 수 있도록 인공적으로 만든 물길.

한자 써 보기 冖 冖 冖 宀 宀 宣 軍 軍 渾 渾 運

運 돌 운	運	運				

用

뜻 : 쓰다   음 : 용

부수	用
총획수	5획

글자의 유래
거북의 점괘에서 나온 것은 그대로 써야 함을 나타냄.

글자가 쓰인 예
- 運用(운용) : 움직여 씀.
- 公用(공용) : 공적인 목적으로 사용함.

한자 써 보기 丿 𠂉 月 月 用

用 쓸 용	用	用				

급수 한자 익힘책

배운 한자를 써 보시오.

注 물댈 주	注	注					
油 기름 유	油	油					
通 통할 통	通	通					
行 갈 행	行	行					
速 빠를 속	速	速					
度 법도 도	度	度					
路 길 로	路	路					
線 줄 선	線	線					
運 돌 운	運	運					
用 쓸 용	用	用					

다음 글에 있는 한자의 독음을 쓰시오. (1~3)

1.  건강을 위해 항상 규칙적인 生活(　　　　)과 運動(　　　　)을 해야 한다.

2.  끝없는 水平線(　　　　)을 바라보니 기러기들이 날아가고 있었다.

3.  외할머니 댁에 가는 길에 注油所(　　　　)에서 기름을 넣고 휴게실에서 휴식을 취하기도 하였다.

다음 □ 안에 공통으로 들어갈 한자를 쓰시오. (4~7)

4.

民□ : 인종, 지역, 문화 등이 같은 운명 공동체.
親□ : 촌수가 가까운 일가.

5.

□度 : 빠른 정도.
□記 : 빨리 적음.

6.

心□ : 마음과 몸.
□體 : 사람의 몸.

7.

通□ : 통하여 다님.
□方 : 간 곳이나 가는 곳.

다음 한자의 뜻과 음을 쓰시오. (8~11)

8 形 - (   )   9 衣 - (   )

10 者 - (   )   11 通 - (   )

다음 한자의 독음을 쓰시오. (12~15)

12 速成 - (   )

13 線路 - (   )

14 勇氣 - (   )

15 服用 - (   )

다음 낱말에 알맞은 한자를 보기 에서 골라 쓰시오. (16~20)

| 보기 | 衣 親 住 體 安 育 度 |
| | 間 食 近 白 形 全 時 |

16 의식주 - (   )   17 형체 - (   )

18 친근 - (   )   19 안전도 - (   )

20 체육 시간 - (   )

集

뜻 : 모으다　음 : **집**

부수	隹
총획수	12획

글자의 유래
새들이 나무 위에 앉아 있는 모습에서 '모으다'를 나타냄.

글자가 쓰인 예
- 集中(집중) : 한 군데로 모이거나 모음.
- 文集(문집) : 글을 한데 모아서 엮은 책.

한자 써 보기　ノ 亻 亻 亻 亻 亻 亻 亻 佳 隹 隼 集 集

集	集	集				
모을 **집**						

計

뜻 : 셈하다　음 : **계**

부수	言
총획수	9획

글자의 유래
입으로 열까지 세는 모양에서 수를 '세다'를 나타냄.

글자가 쓰인 예
- 計算(계산) : 수를 헤아림.
- 生計(생계) : 살림을 살아 나갈 방도 또는 살림살이.

한자 써 보기　丶 一 亠 亖 言 言 言 計

計	計	計				
셈할 **계**						

뜻 : 그림 음 : 도

부수	囗
총획수	14획

글자의 유래
어느 행정 구역을 일정한 지면에 그림으로 그려 놓은 것에서 '그림'을 나타냄.

글자가 쓰인 예
- 圖面(도면) : 제도기를 써서 건축, 기계 등을 설계한 그림.
- 圖形(도형) : 그림의 모양이나 형태.

한자 써 보기
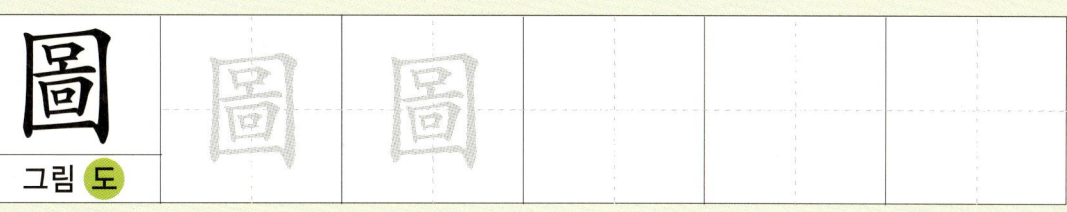

圖	圖	圖			
그림 도					

뜻 : 글 음 : 장

부수	立
총획수	11획

글자의 유래
소리를 글로 남긴다는 데서 '글'을 나타냄.

글자가 쓰인 예
- 文章(문장) : 생각이나 느낌을 글로 기록하여 나타낸 것.
- 體力章(체력장) : 중·고등 학생들에게 실시하는 종합 체력 검사 및 그 제도.

한자 써 보기
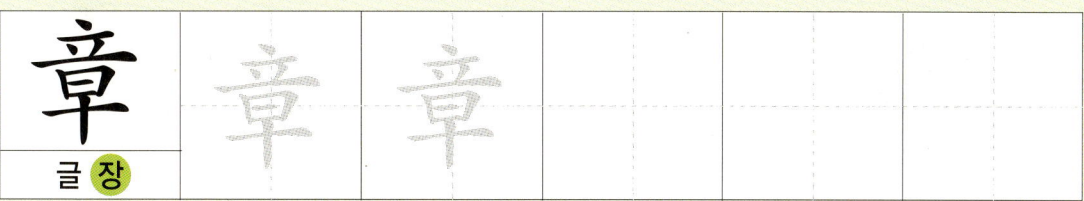

章	章	章			
글 장					

例

뜻 : 법식 음 : **례**

부수	亻
총획수	8획

글자 의 유래
사람들을 나란히 세우고, 비슷한 사물을 비교하는 것에서 '법식'을 나타냄.

글자 가 쓰 인 예
- 事例(사례) : 일의 실제 예.
- 例文(예문) : 설명을 위한 본보기나 예가 되는 글.

한자 써 보 기　ノ　亻　亻　亻　㐅　㐅　例　例

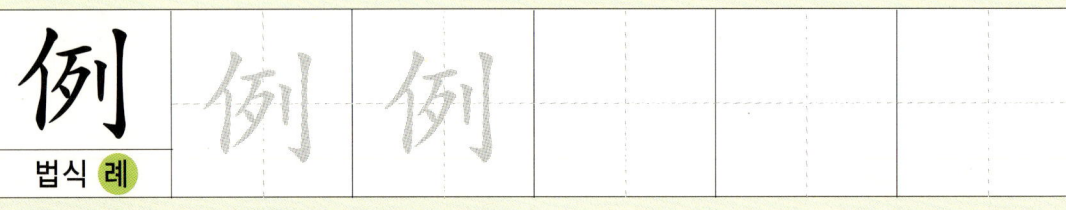

법식 례

題

뜻 : 제목 음 : **제**

부수	頁
총획수	18획

글자 의 유래
튀어나온 이마를 나타낸 것으로, 글 상단부 중앙에 있는 '제목'을 나타냄.

글자 가 쓰 인 예
- 題目(제목) : 책이나 예술 작품 등에서 내용을 알리거나 대표하는 이름.
- 出題(출제) : 시나 노래의 제목을 냄. 시험 문제를 냄.

한자 써 보 기　丨　冂　冃　日　旦　早　무　昗　是　是　是　是　題　題　題　題　題　題

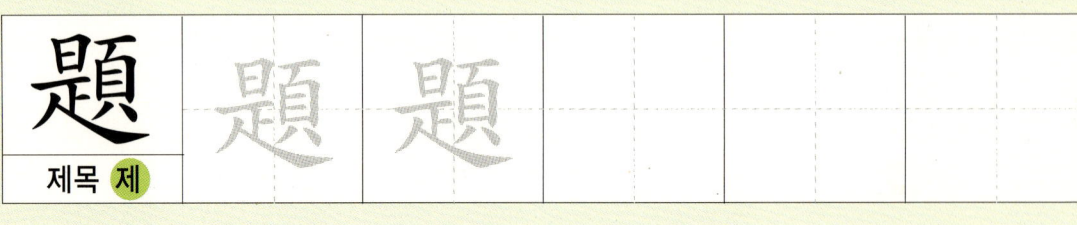

제목 제

區

뜻 : 구분하다, 지경
음 : 구

부수	ㄷ
총획수	11획

글자의 유래
많은 물건을 구분지으려고 갈라 놓는다는 데서 '구분하다', '구역'을 나타냄.

글자가 쓰인 예
- 區別(구별) : 따로따로 종류에 따라 갈라 놓음.
- 區內(구내) : 한 구역의 안쪽.

한자 써 보기 一 厂 丌 丆 乛 品 品 品 區

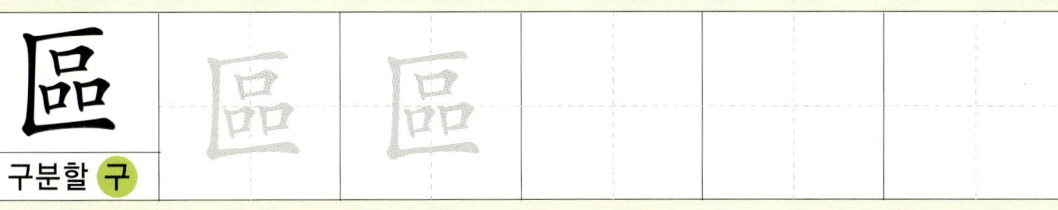

구분할 구

郡

뜻 : 고을 음 : 군

부수	阝
총획수	10획

글자의 유래
임금이 다스리는 하나의 마을을 나타내어, '고을'을 뜻함.

글자가 쓰인 예
- 郡民(군민) : 행정 구역인 군 안에 사는 사람.
- 郡守(군수) : 군의 행정을 맡아 보는 최고 책임자.

한자 써 보기 フ ㄱ ㅋ 尹 尹 君 君 君' 君阝 郡

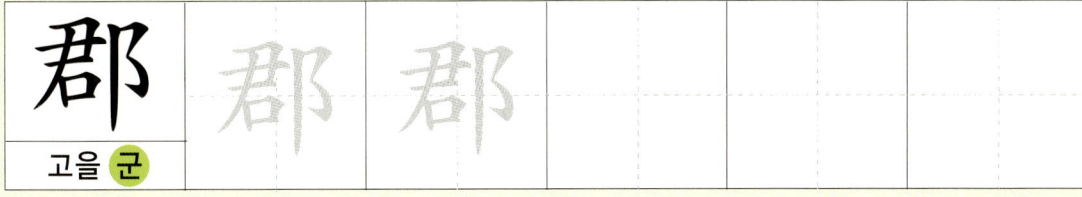

고을 군

各

뜻 : 각각 음 : **각**

부수	口
총획수	6획

글자 의 유래
말하는 것이 제각기 달라 서로 다툰다는 것에서 '각각'을 뜻함.

글자 가 쓰인 예
- 各界(각계) : 사회의 각 분야.
- 各自(각자) : 각각의 자기 자신.

한자 써 보기   ノ ク 久 冬 各 各

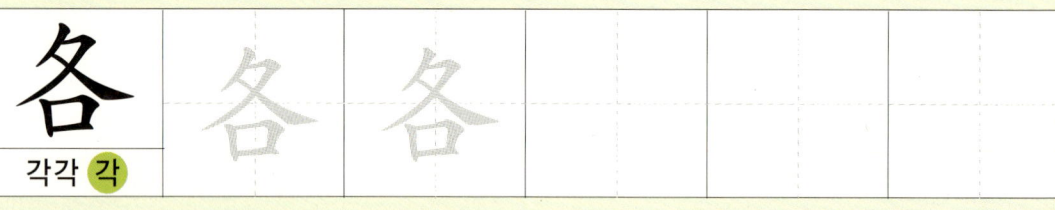

각각 **각**

界

뜻 : 지경 음 : **계**

부수	田
총획수	9획

글자 의 유래
밭을 나누어 구역을 정한다는 데서 '경계', '지경'을 나타냄.

글자 가 쓰인 예
- 世界(세계) : 지구 위의 모든 지역. 온 세상.
- 學界(학계) : 학문의 세계. 학자들의 사회.

한자 써 보기   丨 冂 日 田 田 罘 昇 界 界

지경 **계**

✏️ 배운 한자를 써 보시오.

集 모을 집	集	集					
計 셈할 계	計	計					
圖 그림 도	圖	圖					
章 글 장	章	章					
例 법식 례	例	例					
題 제목 제	題	題					
區 구분할 구	區	區					
郡 고을 군	郡	郡					
各 각각 각	各	各					
界 지경 계	界	界					

勝

뜻 : 이기다 음 : 승

부수	力
총획수	12획

글자의 유래
자신에게 힘을 다하면 어떤 싸움도 이길 수 있다는 데서 '이기다'를 나타냄.

글자가 쓰인 예
- 勝利(승리) : 경기나 전쟁에서 겨루거나 싸워서 이김.
- 勝戰(승전) : 전쟁에서 이김.

한자 써 보기 丿 刀 月 月 月 月` 月⁻ 月⁼ 胖 胖 勝 勝

勝	勝	勝				
이길 승						

戰

뜻 : 싸우다 음 : 전

부수	戈
총획수	16획

글자의 유래
무기와 창을 들고 싸우는 모습에서 '싸움'을 나타냄.

글자가 쓰인 예
- 戰車(전차) : 전투에 사용되는 차.
- 戰場(전장) : 전쟁터.

한자 써 보기 ` ⸌ 口 口 口 口 吅 吅 吅 吅 單 單 戰 戰 戰

戰	戰	戰				
싸울 전						

習

뜻 : 익히다 음 : **습**

부수	羽
총획수	11획

글자의 유래
어린 새가 날개짓하며 나는 연습을 하는 것에서 '익히다'를 나타냄.

글자가 쓰인 예
- 學習(학습) : 배우고 익힘.
- 風習(풍습) : 풍속과 습관.

한자 써 보기 ㄱ ㄱ ㄱ ㄱ1 ㄱ11 ㄱ11 ㄱ11 ㄱ11 習 習 習

習					
익힐 **습**					

作

뜻 : 짓다, 만들다
음 : **작**

부수	亻
총획수	7획

글자의 유래
사람이 앉아서 물건을 만들어 내는 것에서 '만들다', '짓다'를 나타냄.

글자가 쓰인 예
- 作業(작업) : 일터에서 일을 함. 또는 그 일.
- 作成(작성) : 원고, 서류, 계획 따위를 만듦.

한자 써 보기 ノ 亻 亻 仁 仵 作 作

作					
지을 **작**					

病

뜻: 병 음: **병**

부수	疒
총획수	10획

글자의 유래
병이 들어 다리를 뻗고 누워 있는 모습에서 '병'을 나타냄.

글자가 쓰인 **예**
- 病名(병명) : 병의 이름.
- 病弱(병약) : 병에 시달려 몸이 허약함.

한자 써 보기   丶 亠 广 疒 疒 疒 疒 病 病 病

病 병 병	病	病				

席

뜻: 자리 음: **석**

부수	巾
총획수	10획

글자의 유래
여러 사람이 앉을 자리에 베를 깐다는 데서 '자리'를 나타냄.

글자가 쓰인 **예**
- 空席(공석) : 비어 있는 자리.
- 病席(병석) : 병자가 앓아 누워 있는 자리. 병을 앓고 있음.

한자 써 보기   丶 亠 广 广 广 庐 庐 庐 席 席

席 자리 석	席	席				

消

뜻 : 사라지다 음 : **소**

부수	氵(水)
총획수	10획

글자의 유래
물이 다 말라 버린다는 데서 '사라지다'를 나타냄.

글자가 쓰인 **예**
- 消火(소화) : 불을 끔.
- 消失(소실) : 사라져 없어짐. 잃어버림.

한자 써 보기 丶 丶 氵 氵 氵 氵 消 消 消

消	消	消			
사라질 **소**					

失

뜻 : 잃다 음 : **실**

부수	大
총획수	5획

글자의 유래
손에 있던 새가 날아간다는 데서 '놓치다', '잃다'라는 뜻을 나타냄.

글자가 쓰인 **예**
- 失明(실명) : 시력을 잃음. 눈이 어두워짐.
- 紛失(분실) : 자기도 모르는 사이에 잃어버림.

한자 써 보기 丿 一 二 失 失

失	失	失			
잃을 **실**					

6급 | **73**

半

뜻: 반 음: **반**

부수	十
총획수	5획

글자의 유래
소를 잡아서 고기를 반씩 나누는 것에서 '절반'을 나타냄.

글자가 쓰인 예
- 半年(반 년) : 1년의 절반. 6개월.
- 下半身(하반신) : 몸의 허리 아랫부분.

한자 써 보기   ′ ′′ ⌒ ⸝ 半

半 반 **반**	半	半			

窓

뜻: 창 음: **창**

부수	穴
총획수	11획

글자의 유래
집에 구멍을 내서 빛이 들어오게 하는 것이 '창문'이라는 뜻.

글자가 쓰인 예
- 窓門(창문) : 공기나 햇빛이 통하도록 벽이나 지붕에 만든 작은 문.
- 同窓(동창) : 같은 학교나 스승 밑에서 공부한 관계.

한자 써 보기   ′ ′ 宀 宀 宀 宀 宀 空 窓 窓 窓

窓 창 **창**	窓	窓			

74 | 급수 한자 익힘책

🖉 배운 한자를 써 보시오.

勝 이길 승	勝	勝					
戰 싸울 전	戰	戰					
習 익힐 습	習	習					
作 지을 작	作	作					
病 병 병	病	病					
席 자리 석	席	席					
消 사라질 소	消	消					
失 잃을 실	失	失					
半 반 반	半	半					
窓 창 창	窓	窓					

6급 75

연습문제 5회

다음 한자의 뜻과 음을 쓰시오. (1~4)

1. 集 ( )
2. 計 ( )
3. 圖 ( )
4. 章 ( )

밑줄 친 한자의 음을 쓰시오. (5~7)

5. 할아버지께서 <u>病席</u>에 누우신지 한 달이 되었습니다. ( )

6. <u>勝戰</u> 소식을 듣자 왕은 몹시 기뻐했습니다. ( )

7. 소녀의 어려움을 알고 <u>各界</u>에서 성금을 모으기 시작했습니다. ( )

다음 □안에 공통적으로 쓰이는 한자를 쓰시오. (8~10)

8. 事□ : 일의 실제 예.
   □文 : 설명을 위한 본보기나 예가 되는 글.

9. □門 : 공기나 햇빛이 들도록 벽이나 지붕에 만든 작은 문.
   □同 : 같은 학교나 스승 밑에서 공부한 관계.

10. □年 : 1년의 절반.
    下□身 : 몸의 허리 아랫부분.

다음 밑줄 친 낱말의 뜻을 가진 한자를 보기 에서 찾아 쓰시오.(11~13)

보기 區 作 計 失 集

11 아름이는 어제 필통을 <u>잃어</u>버렸습니다.

12 너무 어두워서 물건을 <u>구별</u>할 수가 없습니다.

13 효리는 지금 찰흙으로 집을 <u>짓고</u> 있습니다.

다음 뜻과 음에 알맞은 한자를 찾아 선으로 이으시오.(14~17)

14 익힐 습   ㉠ 郡

15 고을 군   ㉡ 習

16 제목 제   ㉢ 消

17 사라질 소   ㉣ 題

다음 낱말의 뜻과 같은 한자를 보기 에서 찾아 기호를 쓰시오.(18~20)

보기 ㉠病席 ㉡勝戰 ㉢各界 ㉣消失

18 전쟁에서 이김.   (   )

19 사회의 각 분야.   (   )

20 병자가 앓아 누워 있는 자리. (   )

6급 | 77

綠

뜻 : 푸르다 음 : **록**

부수	糸
총획수	14획

글자의 유래
  푸른 대나무의 빛으로 물들인 실을 본뜬 글자로 '푸르다'를 나타냄.

글자가 쓰인 **예**
  • 綠色(녹색) : 파란색과 노란색의 중간 색.
  • 新綠(신록) : 초여름 풀과 나뭇잎들이 띠는 푸른 빛.

한자 써 보기   ` ` ` ` ` ` ` ` ` ` ` ` ` ` 綠

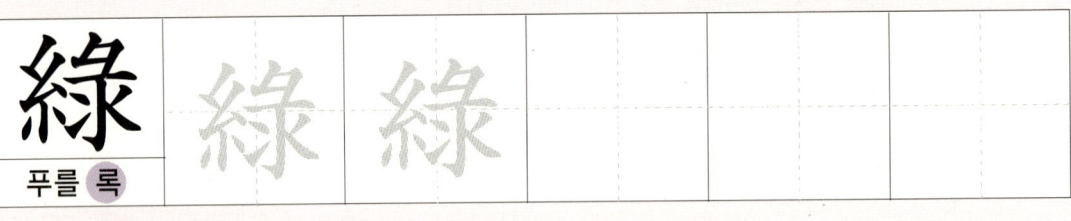

푸를 록

永

뜻 : 길다 음 : **영**

부수	水
총획수	5획

뱀 아저씨는 정말 길어요.

글자의 유래
  물줄기가 길게 흘러가는 모습을 본떠 '길다'를 나타냄.

글자가 쓰인 **예**
  • 永住(영주) : 한 곳에 오랫동안 삶.
  • 永遠(영원) : 어떤 상태가 끝없이 이어짐.

한자 써 보기   ` ` 丁 ヺ 永 永

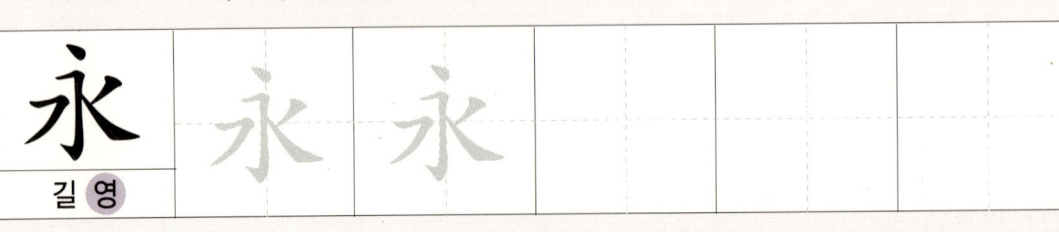

길 영

神

뜻 : 귀신 음 : **신**

부수	示
총획수	10획

글자 의 유래
눈에 보이는 신이라는 데서 '귀신'을 나타냄.

글자 가 쓰인 예
- 神童(신동) : 여러 가지 재주와 지혜가 남달리 뛰어난 아이.
- 神氣(신기) : 만물을 만드는 기운. 신비롭고 이상한 기운.

한자 써 보기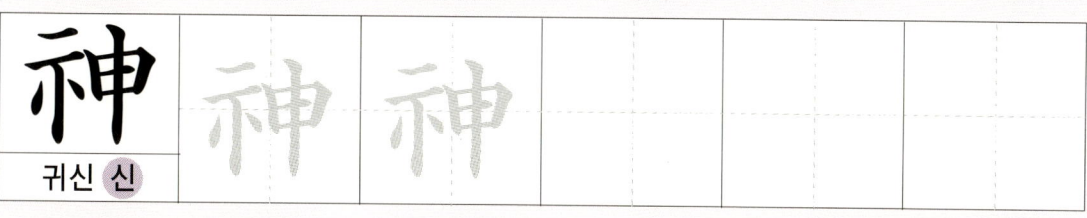

神					
귀신 신					

禮

뜻 : 예도 음 : **례**

부수	示
총획수	18획

글자 의 유래
제사에 쓰이는 그릇을 본뜬 것으로, 제사의 절차가 곧 '예'임을 나타냄.

글자 가 쓰인 예
- 禮式場(예식장) : 예식을 올리는 곳. 결혼식장을 말함.
- 禮物(예물) : 예의를 갖추기 위해 보내는 물건이나 돈.

한자 써 보기

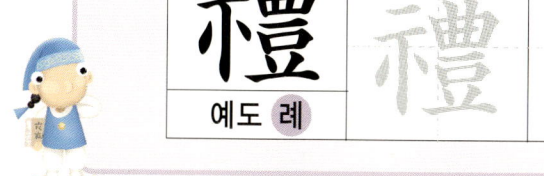

開

뜻 : 열다　음 : **개**

부수	門
총획수	12획

글자의 유래
　문에 양손을 댄다는 데서 '열다' 를 나타냄.

글자가 쓰인 예
　• 開業(개업) : 영업이나 사업을 처음 시작함.
　• 開放(개방) : 금지하던 것을 풀어 열어 놓음. 문을 열어 놓음.

한자 써 보기　丨 冂 冂 冃 冃 門 門 門 門 閂 開 開

開	開	開			
열 개					

業

뜻 : 일, 업무　음 : **업**

부수	木
총획수	13획

글자의 유래
　종을 매단 널판지를 본뜬 글자로, '일', '업무' 를 나타냄.

글자가 쓰인 예
　• 業主(업주) : 사업장의 주인.
　• 分業(분업) : 일을 나누어서 함.

한자 써 보기　丨 丷 丱 业 业 业 业 業 業 業 業 業 業

業	業	業			
일 업					

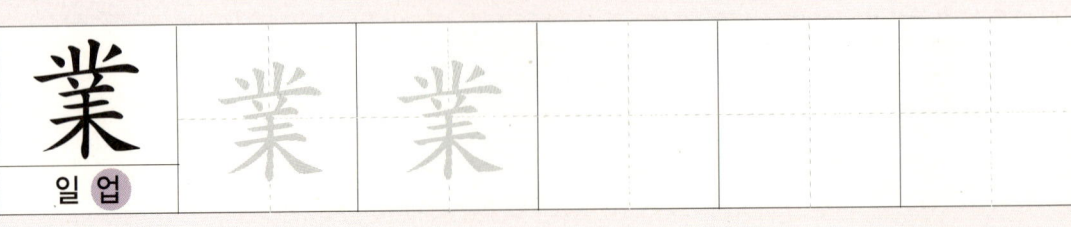

功

뜻 : 공 음 : 공

부수	力
총획수	5획

글자의 유래
힘을 들여서 일을 해낸다는 데서 '공로'를 나타냄.

글자가 쓰인 예
- 成功(성공) : 뜻을 이룸. 부나 명예 등 공로를 이룸.
- 功名心(공명심) : 공을 세워 이름을 떨치려는 마음.

한자 써 보기 一 丁 工 巧 功

功	功	功			
공 공					

第

뜻 : 차례 음 : 제

부수	竹
총획수	11획

글자의 유래
대나무가 서 있는 모습이 순서대로 나란하다는 데서 '차례'를 나타냄.

글자가 쓰인 예
- 第一(제일) : 여럿 중 첫째 가는 것.
- 第三國(제삼국) : 당사국이 아닌 다른 나라.

한자 써 보기 ノ 𠂉 𠂉 𠂉 竹 竹 竹 竺 笃 第 第

第	第	第			
차례 제					

飮

뜻 : 마시다　음 : **음**

부수	食
총획수	13획

글자의 유래
하품을 하듯 입을 벌리고 음식을 먹는다는 데서 '마신다'를 나타냄.

글자가 쓰인 **예**
- 飮食(음식) : 먹고 마시는 것. 음식물.
- 米飮(미음) : 쌀이나 좁쌀을 끓여 만든 죽.

한자 써 보기　ノ 𠂉 𠂉 𠂉 亇 𠂉 亇 刍 刍 刍 刍 飮 飮 飮

마실 **음**

式

뜻 : 법, 본보기
음 : **식**

부수	弋
총획수	6획

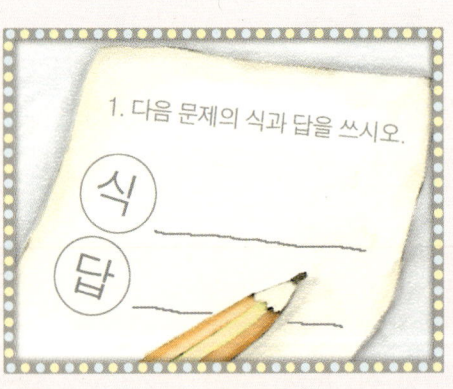

글자의 유래
교차시킨 두 개의 말뚝 사이에 공구를 안정되게 놓는다는 데서 '법', '본보기'를 나타냄.

글자가 쓰인 **예**
- 入學式(입학식) : 갓 입학한 신입생을 모아 놓고 행하는 의식.
- 方式(방식) : 어떤 일정한 형식이나 방법.

한자 써 보기　一 二 干 于 式 式

법 **식**

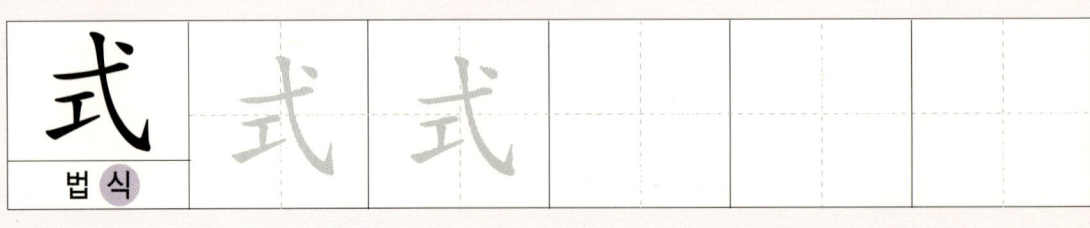

배운 한자를 써 보시오.

綠 푸를 록	綠	綠					
永 길 영	永	永					
神 귀신 신	神	神					
禮 예도 례	禮	禮					
開 열 개	開	開					
業 일 업	業	業					
功 공 공	功	功					
第 차례 제	第	第					
飮 마실 음	飮	飮					
式 법 식	式	式					

番

뜻 : 차례 음 : **번**

부수	田
총획수	12획

글자의 유래
밭에 나 있는 짐승의 발자국을 본뜬 것으로, 순서대로 살핀다는 데서 '차례'를 나타냄.

글자가 쓰인 **예**
- 番地(번지) : 토지를 조각조각 나누어서 각각에 매겨 놓은 땅의 번호.
- 番號(번호) : 차례를 나타내는 호수.

한자 써 보기

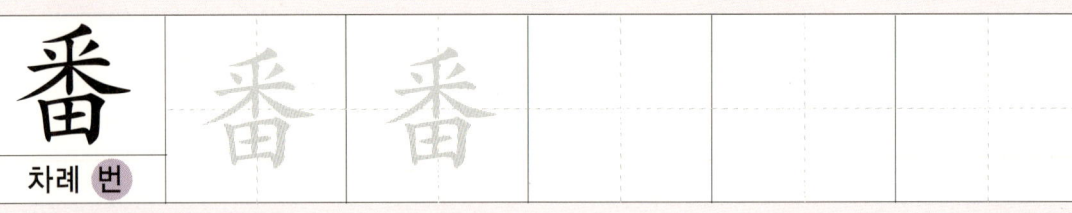

番 차례 번	番	番			

發

뜻 : 피다, 쏘다, 일어나다
음 : **발**

부수	癶
총획수	12획

글자의 유래
풀을 발로 짓밟고 활을 쏜다는 데서 '쏘다, 피다, 떠나다, 일어나다'를 나타냄.

글자가 쓰인 **예**
- 發電(발전) : 전기를 일으킴.
- 出發(출발) : 어떤 일을 시작함. 목적지를 향해 나아감.

한자 써 보기

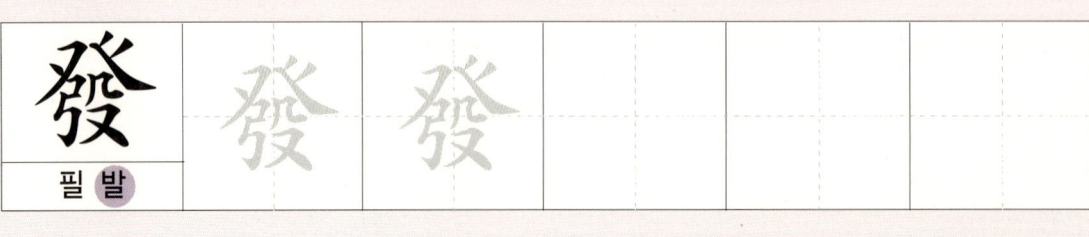

發 필 발	發	發			

急

뜻 : 급하다 음 : 급

부수	心
총획수	9획

글자의 유래
다른 사람을 쫓아가느라 마음이 조급해진다는 데서 '급하다'를 나타냄.

글자가 쓰인 예
- 急速(급속) : 몹시 빠름. 매우 급함.
- 急行(급행) : 빨리 감. '급행 열차'의 준말.

한자 써 보기   ′ ″ ⺈ ⺈ ⺈ 刍 急 急 急

急	急	急			
급할 급					

高

뜻 : 높다 음 : 고

부수	高
총획수	10획

글자의 유래
큰 성문 위에 높이 솟아 있는 누각의 모양을 본떠 '높다'를 나타냄.

글자가 쓰인 예
- 高級(고급) : 높은 등급(계급).
- 高速(고속) : '고속도'의 준말. 매우 빠른 속도.

한자 써 보기   ′ ㆍ 亠 亠 古 宁 高 高 高 高

高	高	高			
높을 고					

利

뜻 : 이롭다 음 : **리**

부수	刂(刀)
총획수	7획

글자 의 유래
벼를 칼로 베어 수확하니 이롭다는 데서 '이로움'을 나타냄.

글자 가 쓰인 **예**
- 利用(이용) : 이롭게 쓰거나 쓸모 있게 씀.
- 便利(편리) : 편하고 이용하기 쉬움.

한자 써 보기 ′ 一 千 禾 禾 利 利

利 이로울 리	利	利			

朴

뜻 : 순박하다, 성 음 : **박**

부수	木
총획수	6획

글자 의 유래
나무 껍질을 본뜬 글자로, 자연 그대로라는 데서 '순박하다'는 뜻을 나타냄.

글자 가 쓰인 **예**
- 素朴(소박) : 꾸밈이나 거짓이 없이 있는 그대로임.
- 質朴(질박) : 꾸밈이 없이 수수함.

한자 써 보기 一 十 才 木 朴 朴

朴 순박할 박	朴	朴			

京

뜻 : 서울 음 : **경**

부수	亠
총획수	8획

글자 의 유래
높은 언덕 위에 있는 집에 모여 산다는 데서 '서울'을 나타냄.

글자 가 쓰인 **예**
- 上京(상경) : (시골에서) 서울로 올라옴.
- 北京(북경) : 중국의 수도. 베이징.

한자 써 보기   一 亠 亡 古 亨 京 京

京 서울 경	京	京			

朝

뜻 : 아침 음 : **조**

부수	月
총획수	12획

글자 의 유래
초원에 아직 달이 지지 않은 이른 시간이라는 데서 '아침'을 나타냄.

글자 가 쓰인 **예**
- 朝夕(조석) : 아침과 저녁.
- 朝會(조회) : 학교·관청 등에서 날마다 아침에 모이는 일.

한자 써 보기   一 十 亠 古 古 古 古 卓 卓 朝 朝 朝

朝 아침 조	朝	朝			

6급 | **87**

野

뜻 : 들   음 : 야

부수	里
총획수	11획

글자의 유래
마을에서 쓰는 것들은 주로 들에서 나온다는 데서 '들'을 나타냄.

글자가 쓰인 예
- 野外(야외) : 교외의 들판. 집 밖.
- 平野(평야) : 넓게 펼쳐진 들판.

한자 써 보기
丶 冂 므 日 甲 甲 里 里' 里' 野 野

들 야

使

뜻 : 부리다, 하여금, 사신
음 : 사

부수	亻(人)
총획수	8획

글자의 유래
윗사람이 아랫사람에게 일을 시킨다는 데서 '부리다'를 나타냄.

글자가 쓰인 예
- 使用(사용) : 물건을 쓰거나 사람을 부림.
- 天使(천사) : 신의 뜻을 인간에게 전하거나 인간의 소원을 신에게 전달하는 자.

한자 써 보기
丿 亻 亻 亻 仁 佢 使 使

부릴 사

배운 한자를 써 보시오.

番 차례 번	番	番				
發 필발	發	發				
急 급할 급	急	急				
高 높을 고	高	高				
利 이로울 리	利	利				
朴 순박할 박	朴	朴				
京 서울 경	京	京				
朝 아침 조	朝	朝				
野 들 야	野	野				
使 부릴 사	使	使				

연습문제 6회

다음 한자의 올바른 뜻과 음을 찾아 선으로 이으시오. (1~4)

1. 푸를 록   ㉠ 禮
2. 예도 례   ㉡ 永
3. 길 영   ㉢ 神
4. 귀신 신   ㉣ 綠

다음 한자의 독음을 ( ) 안에 쓰시오. (5~8)

5. 기차는 서울을 出發(　　　)하여 부산에 도착할 예정입니다.

6. 入學式(　　　)에서 학생들은 애국가를 제창했습니다.

7. 그의 成功(　　　)은 끊임없는 노력의 결과였습니다.

8. 댐을 利用(　　　)한 수력 발전으로 전기가 만들어집니다.

다음에 알맞은 한자를 □ 안에 쓰시오. (9~10)

9. 순박하다 □

10. 급하다 □

다음 한자의 뜻과 음을 쓰고, 음이 같은 한자를 오른쪽에서 찾아 ○표 하시오. (11~13)

11 高 ······ 交 古 果 本
 (   )

12 使 ······ 事 前 自 夏
 (   )

13 第 ······ 長 外 來 弟
 (   )

다음의 뜻과 음에 알맞은 한자를 보기 에서 찾아 쓰시오. (14~17)

보기   功 開 飮 利 番 業

14 열 개

15 마실 음

16 일 업

17 차례 번

다음 문장의 밑줄 친 부분과 뜻이 같은 한자를 보기 에서 찾아 쓰시오. (18~20)

보기   京 高 野 開 朝

18 내일 아침에는 기온이 떨어진다고 합니다.

19 서울은 우리 나라의 중심 도시입니다.

20 산과 들에 피는 꽃을 야생화라고 합니다.

 뜻 : 근본 음 : **본**

부수	木
총획수	5획

글자의 유래
   나무의 밑부분인 뿌리, 즉 '근본'을 나타냄.

글자가 쓰인 예
   • 本性(본성) : 원래부터 지니고 있는 성격.
   • 根本(근본) : 사물이 발생하는 근원. 초목의 뿌리.

한자 써 보기   一 十 才 木 本

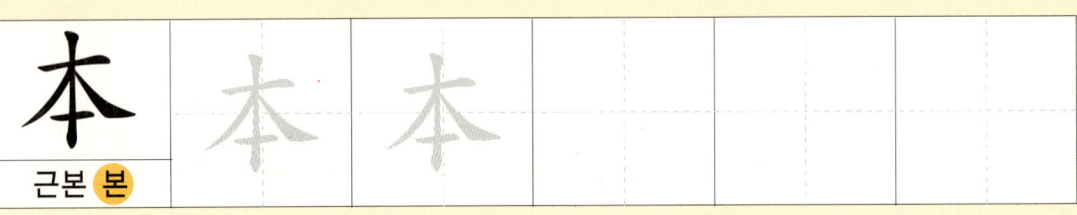

근본 **본**

 뜻 : 처음 음 : **시**

부수	女
총획수	8획

글자의 유래
   여인의 몸에서 길러지는 아기가 생명의 시작임을 나타냄.

글자가 쓰인 예
   • 始作(시작) : 어떤 일을 처음 하는 때. 처음.
   • 開始(개시) : 시작함.

한자 써 보기

처음 **시**

孫

뜻 : 손자 음 : **손**

부수	子
총획수	10획

글자의 유래
아들이 계속 대를 잇는다는 것에서 '손자'를 나타냄.

글자가 쓰인 **예**
- 孫子(손자) : 자녀의 아들.
- 王孫(왕손) : 임금의 손자 또는 후손.

안자 써 보기 ` 了 孑 孑 孒 孫 孫 孫 孫

孫	孫	孫			
손자 **손**					

等

뜻 : 같다, 등급, 무리
음 : **등**

부수	竹
총획수	12획

글자의 유래
관청의 관리가 대쪽으로 만든 서류를 일정하게 분류해 놓는 것에서 '같다' 또는 '등급'을 나타냄.

글자가 쓰인 **예**
- 等數(등수) : 등급을 매긴 수. 등급.
- 平等(평등) : 차별이 없이 동등함.

안자 써 보기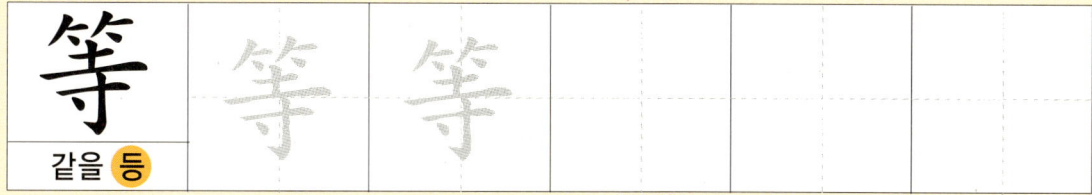

等	等	等			
같을 **등**					

淸

뜻 : 맑다   음 : **청**

부수	氵
총획수	11획

글자 의 유래
호수나 연못에 고인 물이 깨끗하고 푸르다는 데서 '맑다'를 나타냄.

글자 가 쓰인 **예**
- 淸明(청명) : 24 절기 중의 하나. 날씨가 맑고 깨끗함.
- 淸濁(청탁) : 맑고 탁함.

한자 써 보기   丶 丶 氵 氵 氵 汢 淸 淸 淸 淸

| 淸 맑을 **청** | 淸 | 淸 | | | |

洋

뜻 : 큰바다   음 : **양**

부수	氵
총획수	9획

글자 의 유래
많은 양 떼가 움직이듯이 흰 파도가 출렁이는 넓은 바다를 나타내어 '큰바다'를 뜻함.

글자 가 쓰인 **예**
- 大洋(대양) : 대륙을 둘러싸고 있는 큰 바다.
- 洋服(양복) : 서양식의 남자 옷.

한자 써 보기   丶 丶 氵 氵 氵 汁 洋 洋

| 洋 큰바다 **양** | 洋 | 洋 | | | |

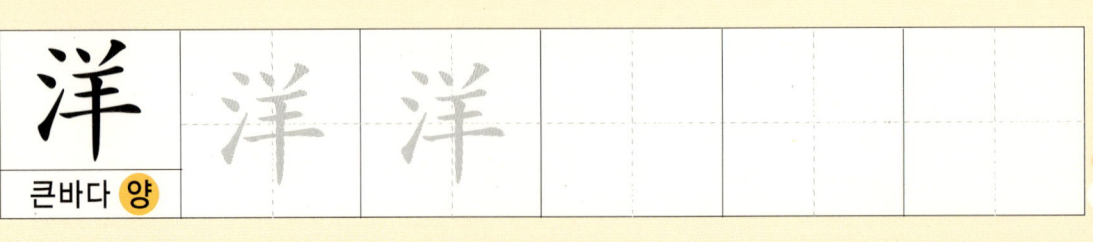

言

뜻 : 말씀 음 : 언

부수	言
총획수	7획

글자의 유래
악기를 부는 입 모양으로 자신의 생각을 말한다고 하여 '말씀'을 나타냄.

글자가 쓰인 예
- 言語(언어) : 말과 글.
- 言論(언론) : 말이나 글로써 자기의 생각을 발표하는 일.

한자 써 보기 ` 一 ㆍ 二 亖 言 言 言

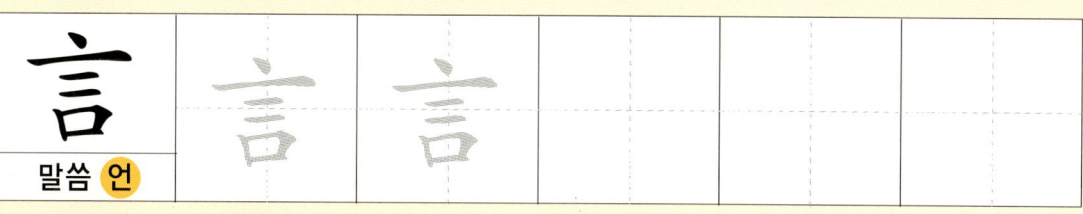

말씀 언

向

뜻 : 향하다 음 : 향

부수	口
총획수	6획

글자의 유래
집의 방향은 사람이 출입하는 문쪽을 향한다는 데서 어떤 곳을 '향하다'를 나타냄.

글자가 쓰인 예
- 方向(방향) : 향하는 쪽. 가는 곳.
- 向上(향상) : 생활, 기술, 기능 등의 수준이 나아지는 것.

한자 써 보기 ノ 亻 竹 向 向 向

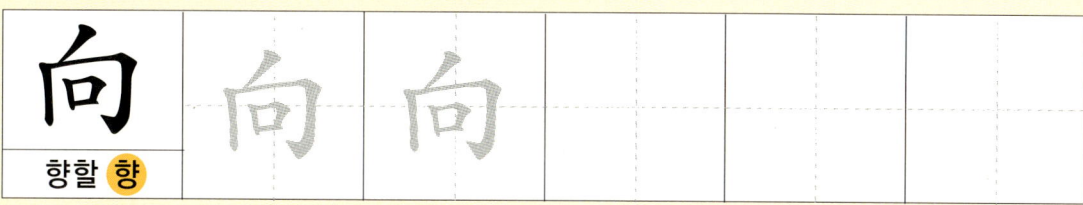

향할 향

銀

뜻: 은 음: 은

부수	金
총획수	14획

글자의 유래
금이 되려다가 되지 못한 금속이라는 뜻에서 '은'을 나타냄.

글자가 쓰인 예
- 金銀(금은) : 금과 은.
- 銀行(은행) : 돈을 보관하거나 빌려 주는 일을 하는 곳.

한자 써 보기 ノ ㅅ ㅅ ㅌ 乍 숟 余 金 釗 釗 鈤 鈤 鈤 銀

銀	銀	銀			
은 은					

定

뜻: 정하다 음: 정

부수	宀
총획수	8획

글자의 유래
한 집에 발을 멈춘다는 데서 '정하다'를 나타냄.

글자가 쓰인 예
- 定期(정기) : 정해진 기간이나 시한.
- 安定(안정) : 흔들림이 없이 편안하게 자리잡음.

한자 써 보기 ` ´ ㅗ ㅛ 宀 宁 宇 定定

定	定	定			
정할 정					

배운 한자를 써 보시오.

本 근본 본	本	本				
始 처음 시	始	始				
孫 손자 손	孫	孫				
等 같을 등	等	等				
淸 맑을 청	淸	淸				
洋 큰바다 양	洋	洋				
言 말씀 언	言	言				
向 향할 향	向	向				
銀 은 은	銀	銀				
定 정할 정	定	定				

畫

뜻 : 그림 음 : 화

부수	田
총획수	13획

글자의 유래
붓을 잡고 밭에 경계를 긋는다는 데서 '그림'을 나타냄.

글자가 쓰인 예
- 畫家(화가) : 그림을 그리는 것을 직업으로 하는 사람.
- 畫室(화실) : 미술가가 작품을 만드는 방.

한자 써 보기 ㄱ ㄱ ㅋ 聿 聿 聿 聿 書 書 書 書 畫 畫

畫 그림 화	畫	畫				

科

뜻 : 과목 음 : 과

부수	禾
총획수	9획

글자의 유래
곡물의 양을 헤아려서 종류와 등급을 나누었던 것에서 '과목'을 나타냄.

글자가 쓰인 예
- 科目(과목) : 분야별로 나눈 학문의 구분. 교과를 구성하는 단위.
- 科學(과학) : 모든 현상, 법칙, 원리를 연구하는 학문. 흔히 자연 과학을 말함.

한자 써 보기 ㅡ 二 千 千 禾 禾 禾 科 科

科 과목 과	科	科				

班

뜻: 나누다 음: **반**

부수	玉
총획수	10획

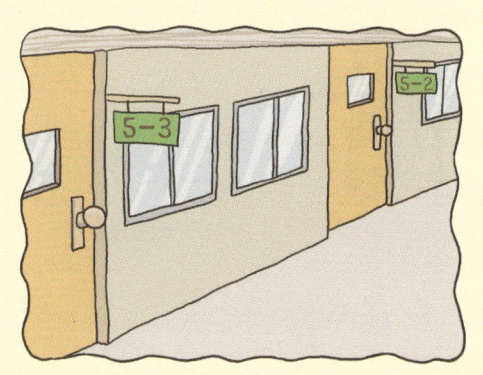

글자의 유래
옥을 칼로 나눈다는 데서 '나누다'를 나타냄.

글자가 쓰인 예
- 班長(반장): 학교 등에서 반을 대표하는 사람.
- 分班(분반): 둘 또는 그 이상으로 반을 나눔.

한자 써 보기
一 𠀉 𠂇 王 玉 玎 玨 班 班 班

班 나눌 반	班	班			

對

뜻: 대하다 음: **대**

부수	寸
총획수	14획

글자의 유래
등잔을 잡고 서로 마주 본다는 데서 '대하다'를 나타냄.

글자가 쓰인 예
- 對話(대화): 서로 마주 대하여 이야기함.
- 對面(대면): 얼굴을 마주 보고 대함.

한자 써 보기

對 대할 대	對	對			

醫

뜻 : 의원 음 : 의

부수	酉
총획수	18획

글자의 유래
옛날에는 술로 소독하고 약술로 병을 치료한 데서 '의원'을 나타냄.

글자가 쓰인 예
- 醫書(의서) : 병의 치료 및 예방을 기록한 책.
- 醫術(의술) : 병을 고치는 기술. 의학에 관한 기술.

한자 써 보기

醫 의원 의					

藥

뜻 : 약 음 : 약

부수	艹
총획수	19획

글자의 유래
사람을 즐겁게 해 주는 풀이라는 데서 '약'을 나타냄.

글자가 쓰인 예
- 藥草(약초) : 약으로 쓰이는 풀.
- 藥品(약품) : 만들어 놓은 약.

한자 써 보기

藥 약 약					

溫

뜻 : 따뜻하다 음 : **온**

부수	氵
총획수	13획

글자의 유래
물이 어질고 온화하다는 데서 '따뜻하다'를 나타냄.

글자가 쓰인 예
- 溫度(온도) : 따뜻하고 차가운 정도.
- 溫水(온수) : 따뜻한 물.

한자 써 보기
丶 氵 氵 汈 汌 汨 汨 汨 温 温 温 温

溫 따뜻할 **온**

昨

뜻 : 어제 음 : **작**

부수	日
총획수	9획

글자의 유래
날(日)이 순식간에 지나갔다는 데서 '어제'를 나타냄.

글자가 쓰인 예
- 昨年(작년) : 지난 해.
- 昨今(작금) : 어제와 오늘. 요즈음.

한자 써 보기
丨 冂 日 日 日丿 昨 昨 昨 昨

昨 어제 **작**

在

뜻 : 있다 음 : 재

부수	土
총획수	6획

글자의 유래
땅을 뚫고 나온 새싹이 땅 위에 있다는 데서 '존재하다'를 나타냄.

글자가 쓰인 예
- 在學(재학) : 학교에 다니고 있음.
- 所在(소재) : 있는 곳.

한자 써 보기 一 ナ 才 才 存 在

在 (있을 재)	在	在				

愛

뜻 : 사랑 음 : 애

부수	心
총획수	13획

글자의 유래
손으로 마음을 감싼다는 데서 '사랑'을 나타냄.

글자가 쓰인 예
- 愛國(애국) : 자기 나라를 사랑함.
- 愛人(애인) : 사랑하는 사람. 연인.

한자 써 보기 ノ ノ ノ ノ ノ ノ ベ ベ 必 恐 恐 愛 愛

愛 (사랑 애)	愛	愛				

배운 한자를 써 보시오.

畫 그림 화							
科 과목 과							
班 나눌 반							
對 대할 대							
醫 의원 의							
藥 약 약							
溫 따뜻할 온							
昨 어제 작							
在 있을 재							
愛 사랑 애							

연습문제

| 공부한날 | 월 | 일 | 점수 |

● 다음 한자의 뜻과 음을 쓰시오. (1~4)

1 畫 (　　　)　　2 科 (　　　)

3 班 (　　　)　　4 對 (　　　)

● 다음 한자의 독음을 쓰시오. (5~7)

5 愛國 (　　　) : 자기 나라를 사랑함.

6 昨年 (　　　) : 지난 해.

7 平等 (　　　) : 차별이 없이 동등함.

● 밑줄 친 낱말과 뜻이 같은 한자를 보기 에서 찾아 쓰시오. (8~10)

보기　　藥　向　銀　堂　溫

8 그는 집을 향하여 가는 버스를 기다리고 있다. ☐

9 사람들은 금을 은보다 귀중하게 여깁니다. ☐

10 봄이 되어 따뜻해지면 겨울잠을 자던 동물들이 깨어납니다. ☐

다음의 뜻과 음에 알맞은 한자를 찾아 ○표 하시오. (11~13)

11 어제 작 —— 在 昨 今 作

12 정할 정 —— 定 正 住 行

13 맑을 청 —— 靑 洋 作 淸

다음 뜻에 알맞은 한자를 찾아 선으로 연결하고, □ 안에 음을 쓰시오. (14~17)

14 처음, 비로소   ㉠ 在 □

15 있다, 존재하다   ㉡ 孫 □

16 손자   ㉢ 始 □

17 큰바다   ㉣ 洋 □

다음의 뜻과 음에 알맞은 한자를 보기 에서 찾아 쓰시오. (18~20)

| 보기 | 藥 愛 言 可 本 |

18 근본 본 □   19 말씀 언 □

20 약 약 □

6급 | 105

堂

뜻 : 집 음 : **당**

부수	土
총획수	11획

글자의 유래
흙 위에 지은 집을 나타냄.

글자가 쓰인 예
- 食堂(식당) : 밥을 먹을 수 있도록 만든 집.
- 書堂(서당) : 옛날에 사사로이 한문을 가르치던 곳.

한자 써 보기 ` ⺌ ⺌ ⺍ 씃 씃 씃 岩 岩 堂 堂

堂	堂	堂				
집 당						

放

뜻 : 놓다 음 : **방**

부수	攴(攵)
총획수	8획

글자의 유래
강제로 사방으로 떼어 놓는다는 데서 '놓아 주다' 또는 '내쫓다'를 나타냄.

글자가 쓰인 예
- 放學(방학) : 더위, 추위가 심한 일정 기간 동안 수업을 쉬는 것.
- 放火(방화) : 일부러 불을 놓음.

한자 써 보기 ` 亠 亍 方 方 方 放 放

放	放	放				
놓을 방						

多

뜻: 많다　음: **다**

부수	夕
총획수	6획

글자 의 유래
저녁이 여러 번 계속된다는 뜻으로 '많다'를 나타냄.

글자 가 쓰인 예
- 多少(다소) : 많고 적음.
- 多讀(다독) : 책을 많이 읽음.

한자 써 보기　ノ ク 夕 多 多 多

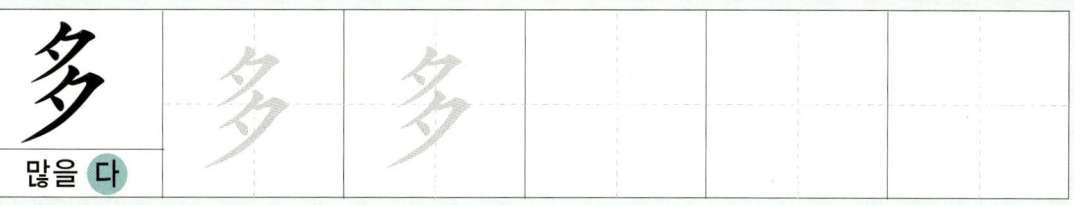

많을 **다**

幸

뜻: 다행　음: **행**

부수	干
총획수	8획

글자 의 유래
쇠고랑을 본뜬 것으로, 쇠고랑을 차지 않아서 '다행이다'라는 뜻.

글자 가 쓰인 예
- 多幸(다행) : 뜻밖에 일이 잘 되어 좋음.
- 不幸(불행) : 행복하지 않음. 운수가 나쁨.

한자 써 보기　一 十 土 キ 查 查 查 幸

다행 **행**

苦

뜻 : 쓰다, 괴롭다
음 : 고

부수	艹
총획수	9획

글자의 유래
오래 된 약초는 쓴맛이 난다는 데서 '쓰다', '괴롭다'를 나타냄.

글자가 쓰인 예
- 苦生(고생) : 괴롭고 힘든 일을 겪음.
- 苦樂(고락) : 괴로움과 즐거움.

한자 써 보기 ` ⸍ ⺍ ⺾ 艹 芏 芢 苦 苦

苦	苦	苦			
쓸 고					

待

뜻 : 기다리다
음 : 대

부수	彳
총획수	9획

글자의 유래
관청에서 서성이며 순서를 기다린다는 데서 '기다리다'를 나타냄.

글자가 쓰인 예
- 苦待(고대) : 몹시 기다림.
- 待合室(대합실) : 터미널 등에서 손님이 쉬며 기다릴 수 있도록 만든 방.

한자 써 보기 ` ⸍ ⺅ 彳 彳 徉 徉 待 待

待	待	待			
기다릴 대					

頭

뜻 : 머리 음 : **두**

부수	頁
총획수	16획

글자의 유래
윗부분이 큰 제사 그릇을 본뜬 것으로 '머리', '우두머리'를 나타냄.

글자가 쓰인 예
- 先頭(선두) : 첫머리. 제일 앞섬.
- 頭角(두각) : 여럿 중에서 특히 뛰어남.

한자 써 보기
一 頭 頭 頭 頭 頭 頭

頭	頭	頭			
머리 **두**					

目

뜻 : 눈 음 : **목**

부수	目
총획수	5획

글자의 유래
사람의 눈동자를 본뜬 글자로 '눈'을 나타냄.

글자가 쓰인 예
- 題目(제목) : 책이나 문학 작품 등에서 내용을 대표하는 이름.
- 科目(과목) : 학문이나 교과를 구성하는 단위.

한자 써 보기
丨 冂 冃 目 目

目	目	目			
눈 **목**					

和

뜻 : 화목하다 음 : 화

부수	口
총획수	8획

글자의 유래
곡식을 여러 사람이 배불리 먹어 화목해졌다는 데서 '화목'을 나타냄.

글자가 쓰인 예
- 和音(화음) : 높낮이가 서로 다른 두 개 이상의 소리가 함께 어울리는 것.
- 溫和(온화) : 따뜻하고 화창함.

한자 써 보기 ㇐ ㇐ 千 禾 禾 禾 和 和

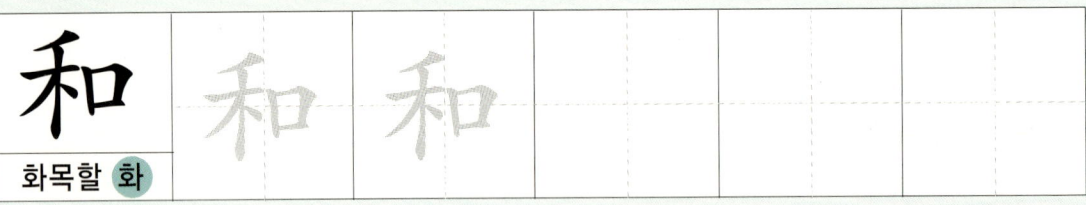

화목할 화

合

뜻 : 합하다 음 : 합

부수	口
총획수	6획

글자의 유래
그릇의 몸체에 두껑을 덮는 것을 표현하여, '합하다'를 나타냄.

글자가 쓰인 예
- 和合(화합) : 화목하게 합함.
- 合同(합동) : 여럿이 모여 하나가 되어 함께 함.

한자 써 보기 ノ 人 亼 合 合 合

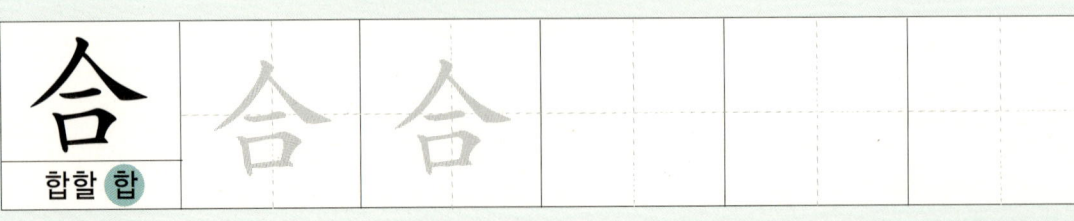

합할 합

✏️ 배운 한자를 써 보시오.

堂 집 당	堂	堂					
放 놓을 방	放	放					
多 많을 다	多	多					
幸 다행 행	幸	幸					
苦 쓸 고	苦	苦					
待 기다릴 대	待	待					
頭 머리 두	頭	頭					
目 눈 목	目	目					
和 화목할 화	和	和					
合 합할 합	合	合					

연습문제 8회

◈ 다음 한자의 독음을 (　) 안에 쓰시오. (1~4)

• 우리는 겨울 放學¹(　　) 을 苦待²(　　) 하고 있습니다.
• 多幸³(　　) 히도 두 팀은 和合⁴(　　) 을 이루었습니다.

◈ 다음 뜻에 알맞은 한자를 찾아 선으로 연결하고, □ 그 안에 음을 쓰시오. (5~7)

5　머리　　　　　ㄱ　待　□

6　집　　　　　　ㄴ　頭　□

7　기다리다　　　ㄷ　堂　□

◈ 다음 뜻에 알맞은 한자를 보기 에서 찾아 쓰시오. (8~10)

보기	合　多　目　和　放

8　많다　　(　　　)

9　합하다　(　　　)

10　눈　　(　　　)

급수 한자 익힘책

6급 대비 쓰기 연습장

6장 쓰기 연습장

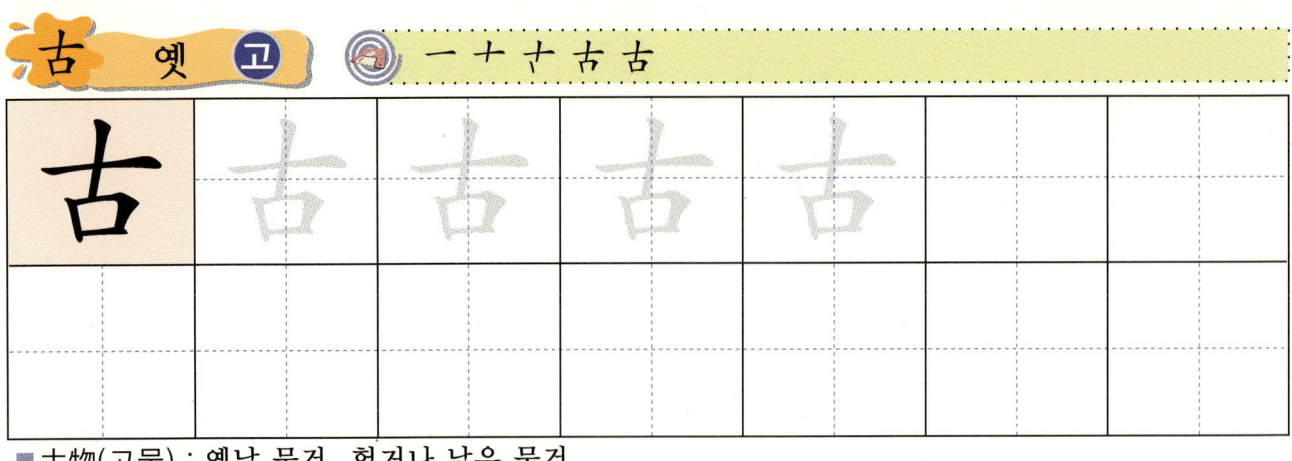

■ 古物(고물) : 옛날 물건. 헐거나 낡은 물건.

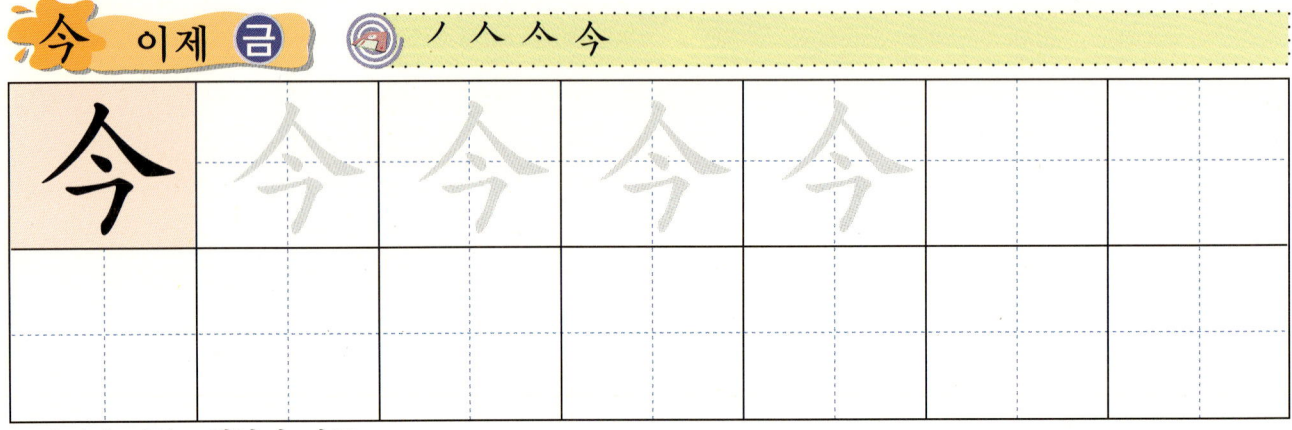

■ 古今(고금) : 옛날과 지금.

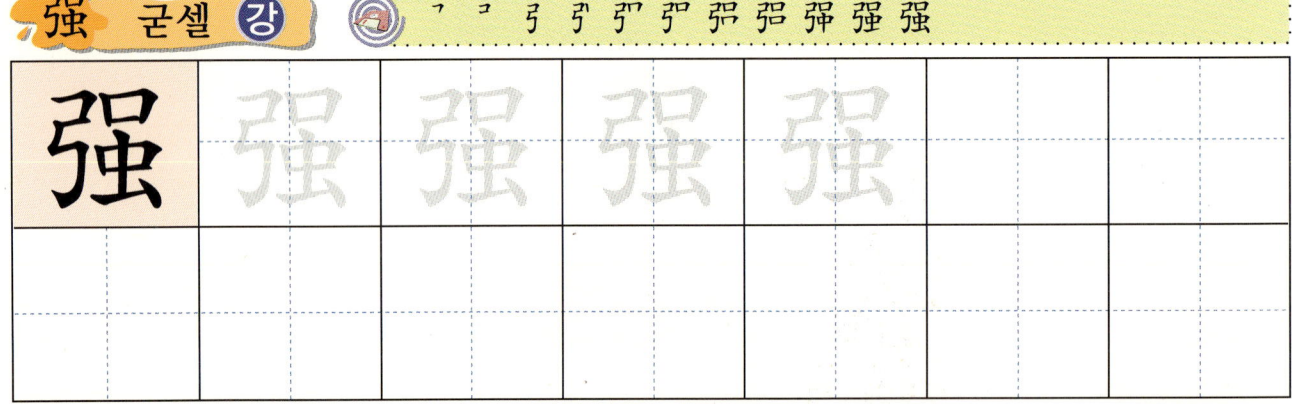

■ 强力(강력) : 힘이 셈.

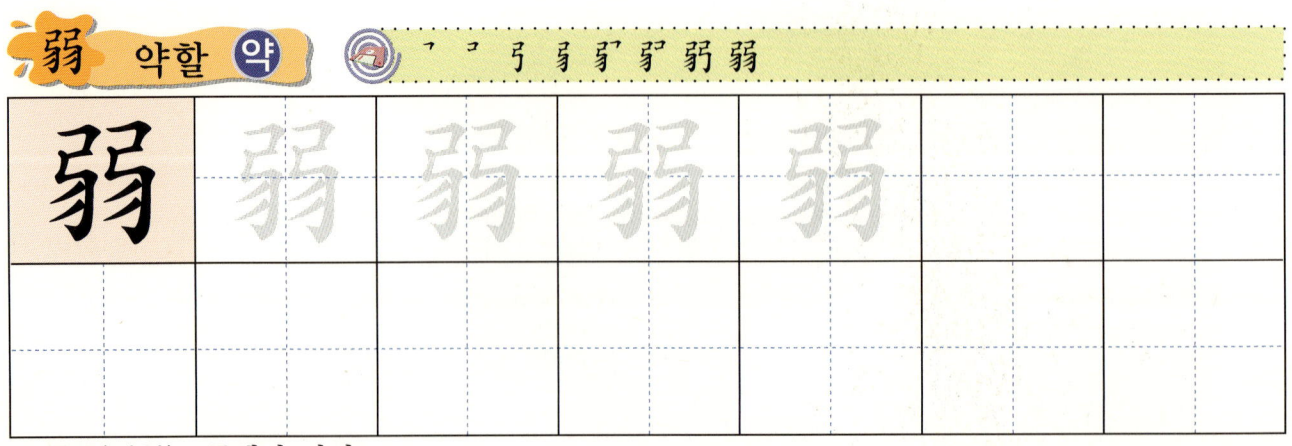

■ 强弱(강약) : 굳셈과 여림.

遠 멀 원   一十土吉吉吉吉袁袁遠遠

■ 遠大(원대) : 뜻이 깊고 큼.

近 가까울 근   ノ ｒ ｆ 斤 斤 沂 近 近

■ 遠近(원근) : 멀고 가까움.

晝 낮 주   フコヨ聿聿書書書晝

■ 晝夜(주야) : 낮과 밤.

夜 밤 야   丶一ナ广亇产夜夜

■ 夜景(야경) : 밤의 경치.

6급 3

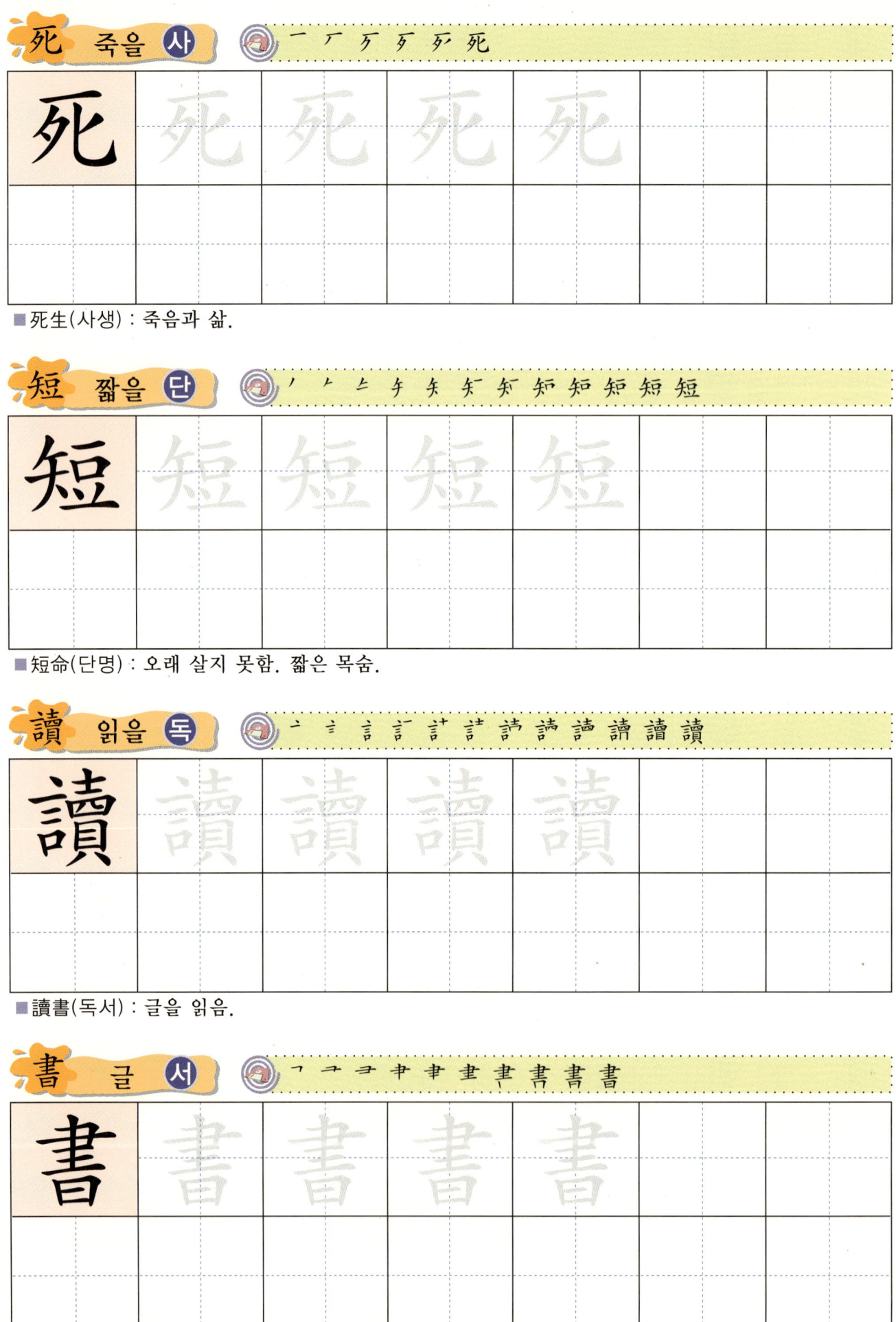

反 돌이킬 반

一 厂 万 反

反	反	反	反	反		

■反對(반대) : 남의 말이나 의견을 거슬러 틀리다고 주장함.

省 살필 성

丨 丿 小 少 省 省 省 省

省	省	省	省	省		

■反省(반성) : 자기가 한 일을 스스로 돌이켜 생각함.

表 겉 표

一 十 丰 主 声 耒 表 表

表	表	表	表	表		

■表面(표면) : 바깥 면. 겉모양.

意 뜻 의

丶 亠 亣 立 产 音 音 音 意 意 意

意	意	意	意	意		

■意思(의사) : 마음먹은 생각.

■ 光明(광명) : 밝은 빛. 밝게 빛남.

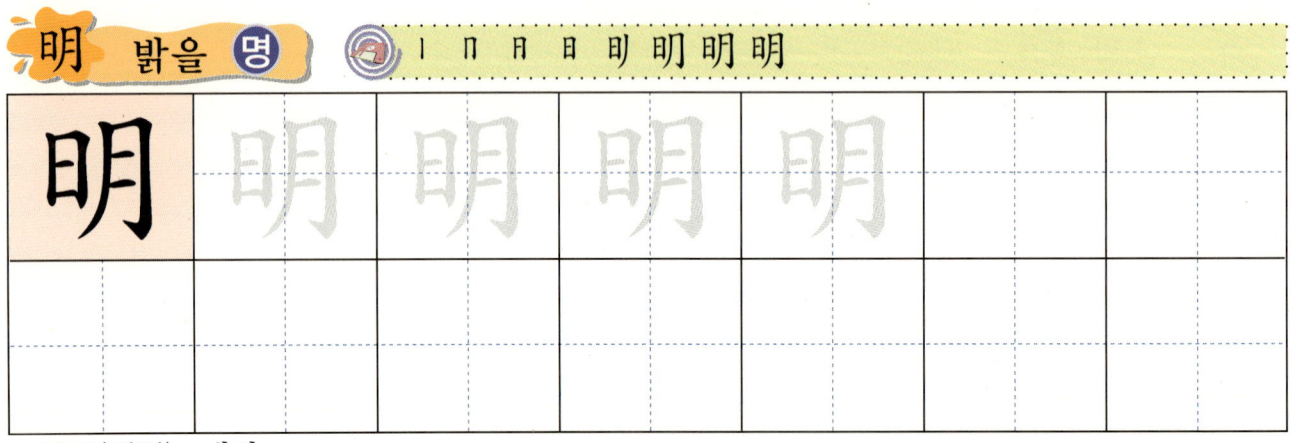

■ 明日(명일) : 내일.

■ 理解(이해) : 사리를 분별하여 잘 앎.

■ 理由(이유) : 어떤 결과에 이른 까닭이나 근거.

果 실과 과   ㅁ 口 日 旦 甲 果 果

果

■ 果實(과실) : 식용으로 할 수 있는 나무의 열매.

樹 나무 수   十 十 才 木 杧 柫 桔 桔 桂 榿 樹 樹

樹

■ 果樹(과수) : 먹을 수 있는 열매를 거두기 위하여 가꾸는 나무의 총칭.

太 클 태   一 ナ 大 太

太

■ 太陽(태양) : 해.

陽 볕 양   ˊ ㇌ ㇌ ㇌ ㇌ ㇌ 陽 陽

陽

■ 陽光(양광) : 햇빛. 태양.

6급 7

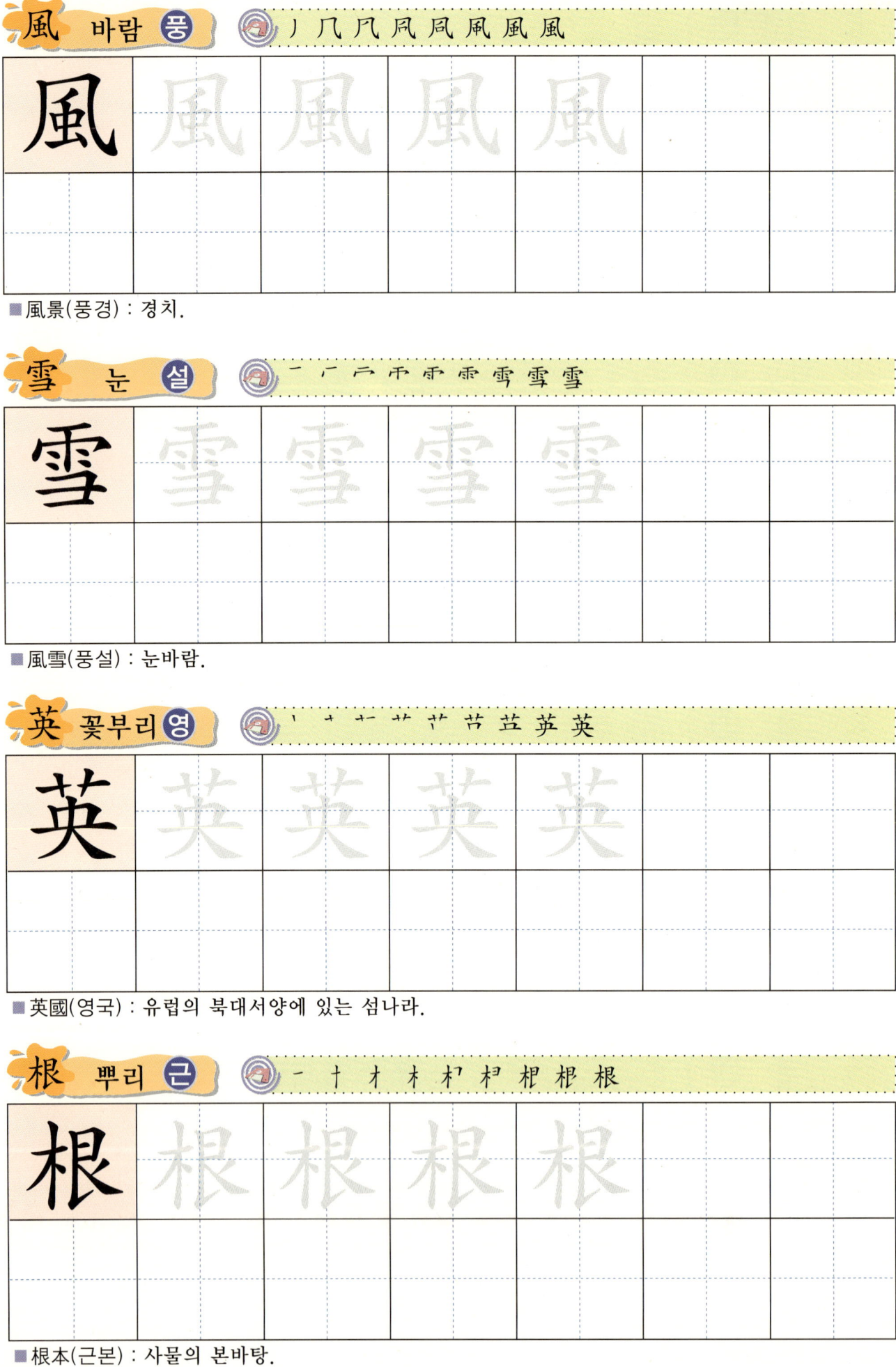

風 바람 풍   ) 几 凡 凨 凨 風 風 風

風 風 風 風 風

■ 風景(풍경) : 경치.

雪 눈 설   一 ㄢ ㄤ 帀 雨 雪 雪 雪 雪

雪 雪 雪 雪 雪

■ 風雪(풍설) : 눈바람.

英 꽃부리 영   一 十 廾 艹 芢 苉 英 英

英 英 英 英 英

■ 英國(영국) : 유럽의 북대서양에 있는 섬나라.

根 뿌리 근   一 十 才 木 木 朾 朾 根 根 根

根 根 根 根 根

■ 根本(근본) : 사물의 본바탕.

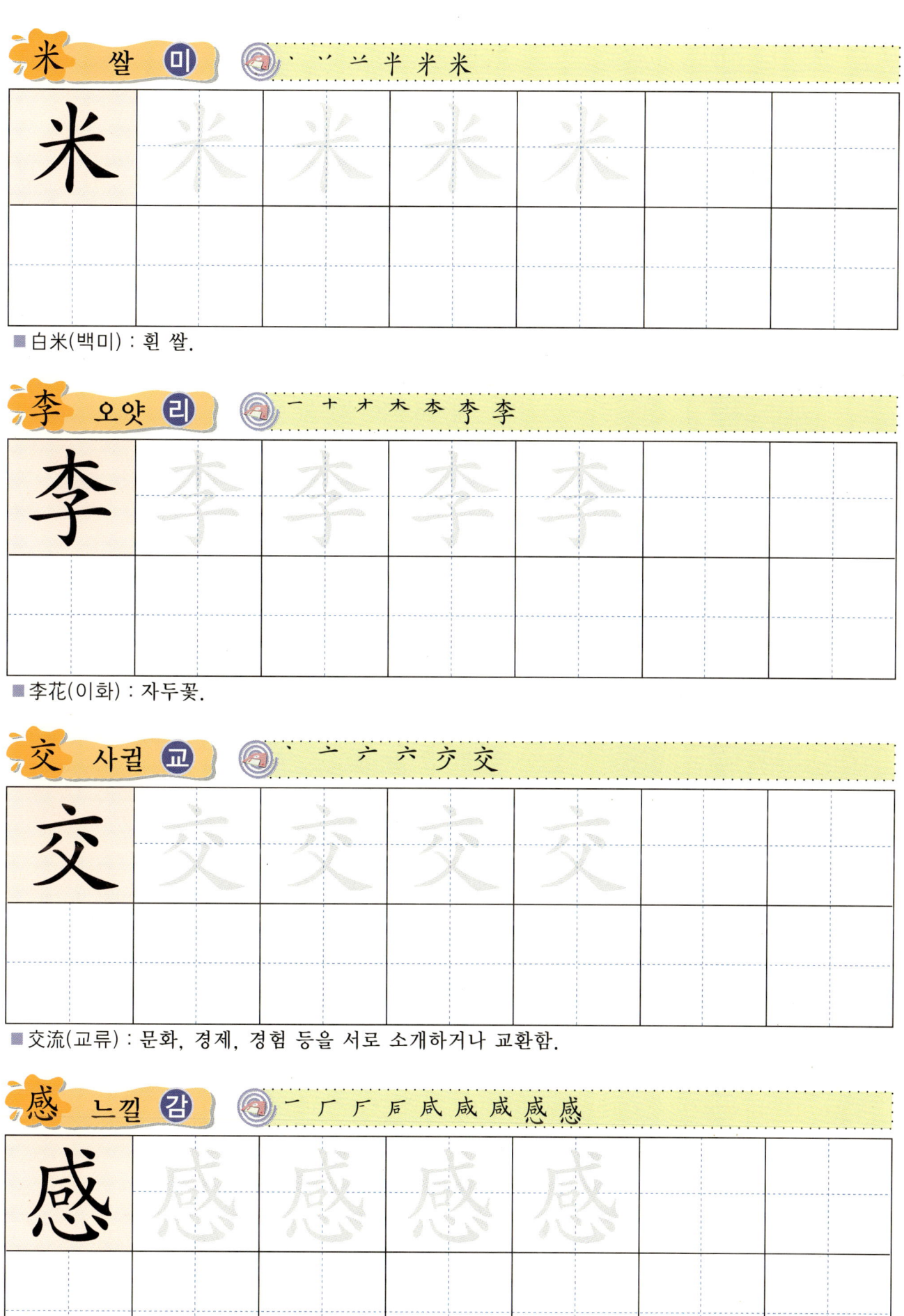

| 米 쌀 미 | ` ` ´ ⺷ 斗 米 米 |

米

■ 白米(백미) : 흰 쌀.

| 李 오얏 리 | 一 十 才 木 李 李 李 |

李

■ 李花(이화) : 자두꽃.

| 交 사귈 교 | ` 一 亠 疒 六 亣 交 |

交

■ 交流(교류) : 문화, 경제, 경험 등을 서로 소개하거나 교환함.

| 感 느낄 감 | 一 厂 厂 厈 咸 咸 咸 感 感 |

感

■ 交感(교감) : 서로 접촉하여 느끼는 감정.

6급 9

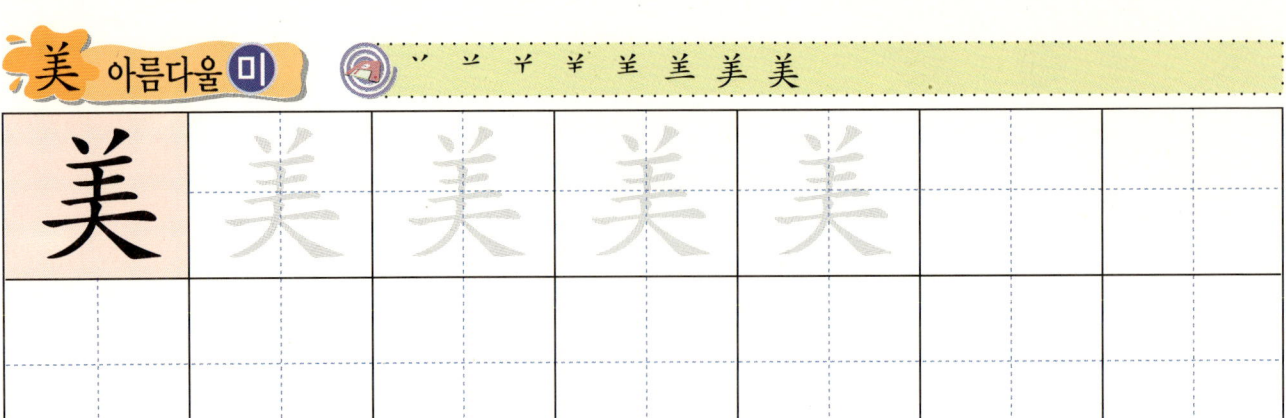

■ 美人(미인) : 아름답게 생긴 여자.

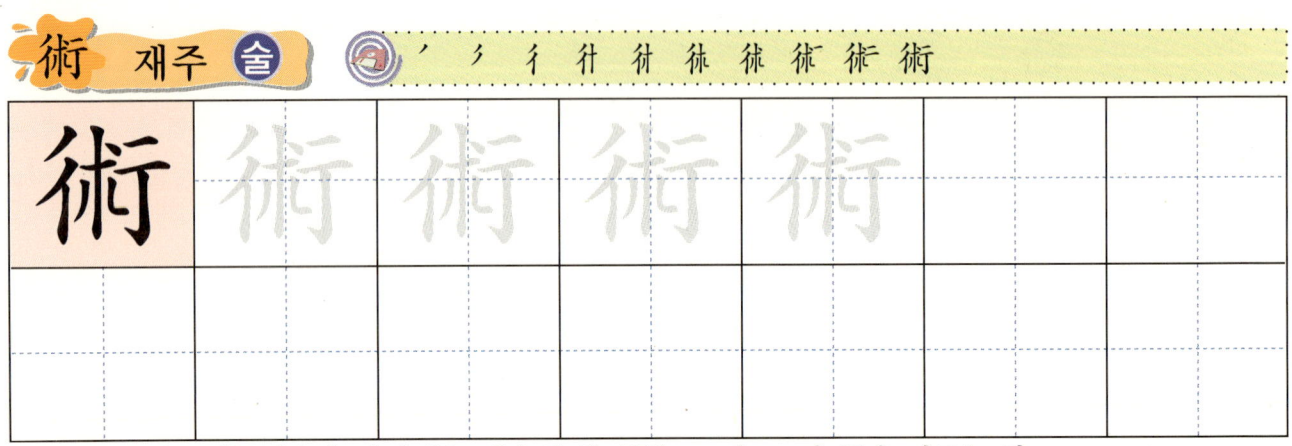

■ 美術(미술) : 아름다움을 나타내는 예술의 한 부분. 그림, 조각 등을 이르는 말.

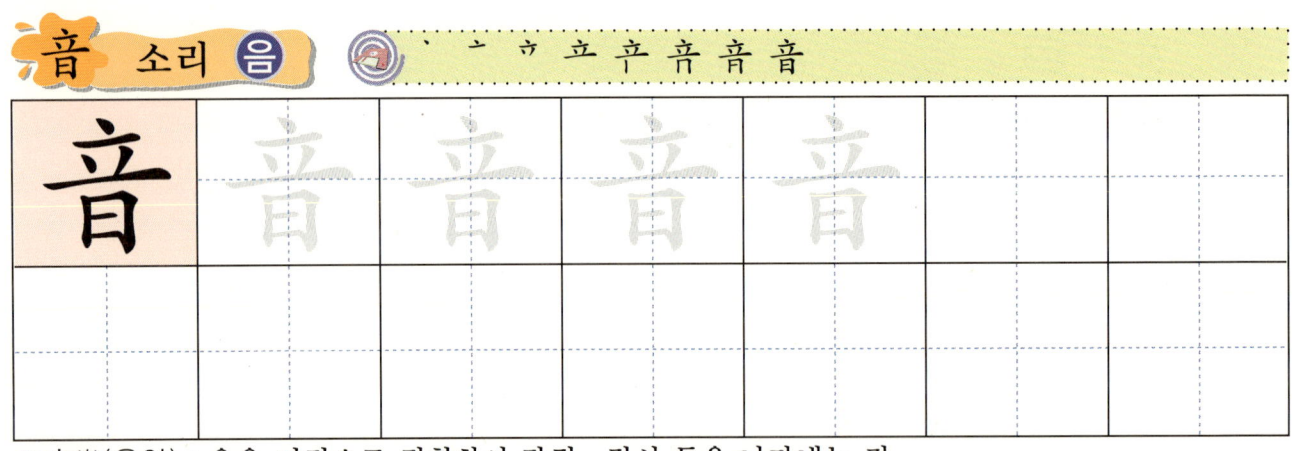

■ 音樂(음악) : 음을 미적으로 결합하여 감정·정서 등을 나타내는 것.

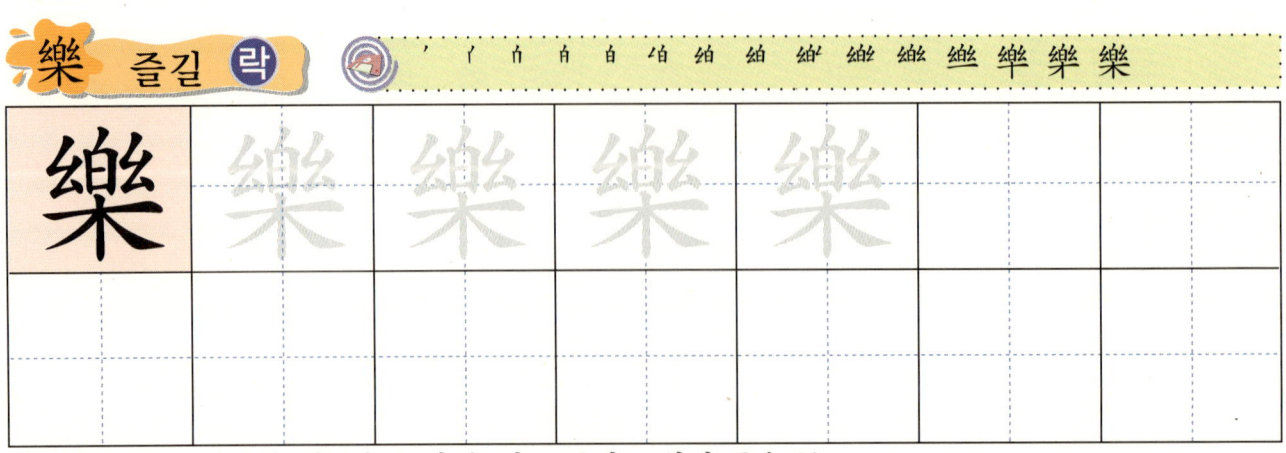

■ 樂園(낙원) : 자유와 행복을 누릴 수 있는 즐겁고 살기 좋은 곳.

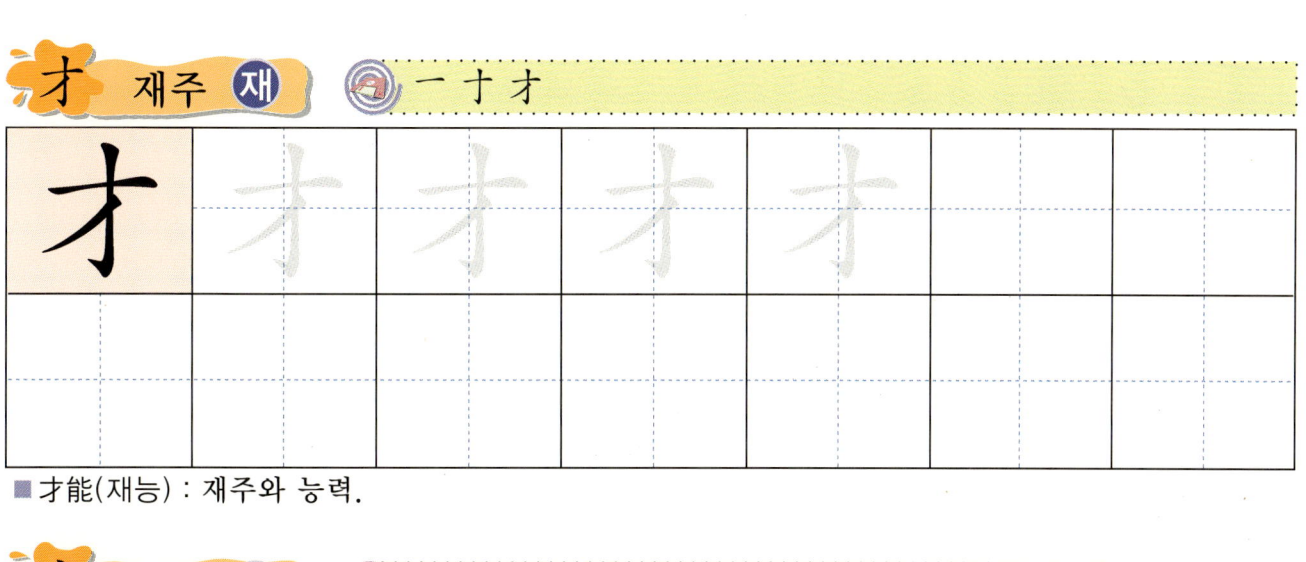

■ 才能(재능) : 재주와 능력.

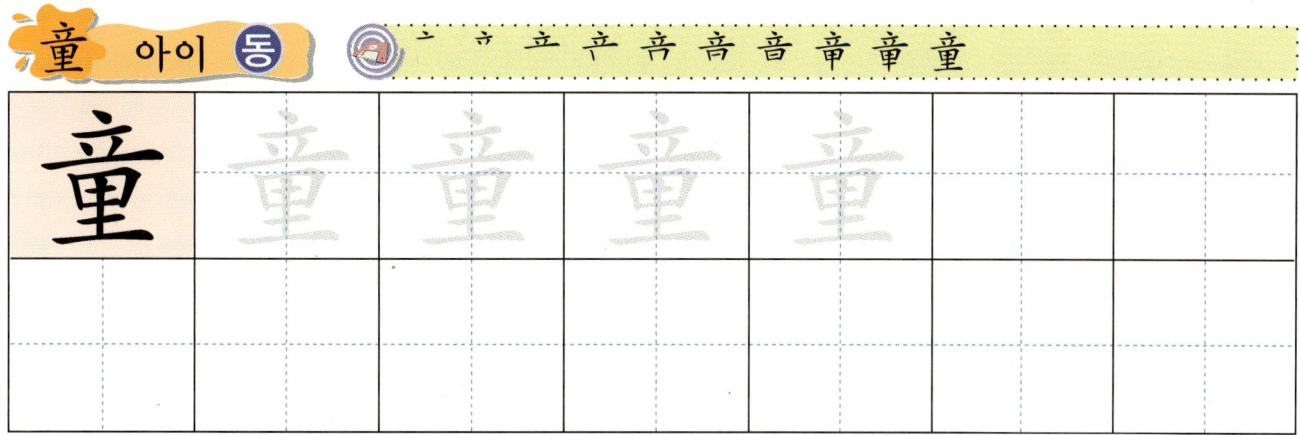

■ 才童(재동) : 재주가 있는 아이.

■ 級友(급우) : 같은 학급의 친구.

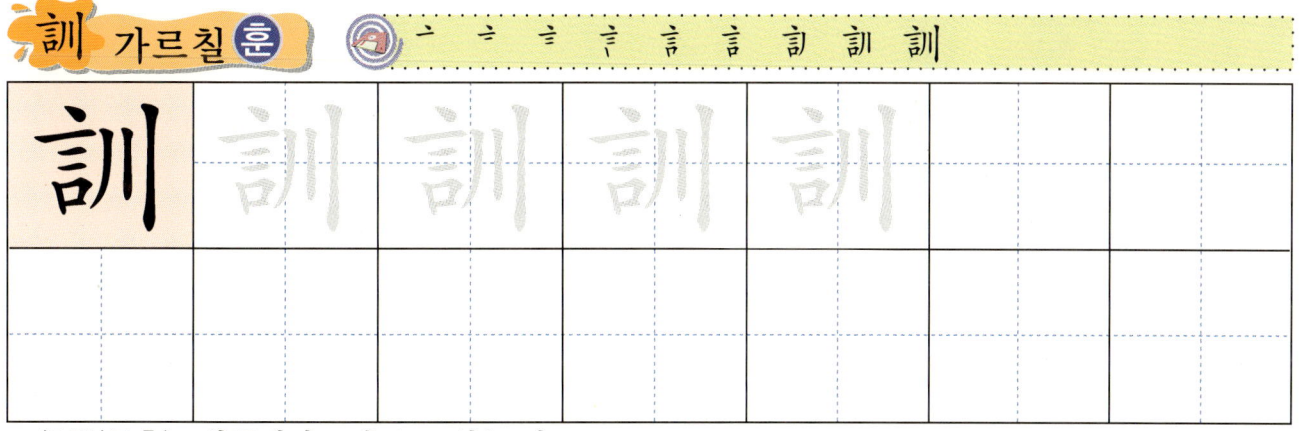

■ 級訓(급훈) : 학급에서 교훈으로 삼는 것.

庭 뜰 정 `丶 亠 广 庐 庐 庭 庭 庭 庭`

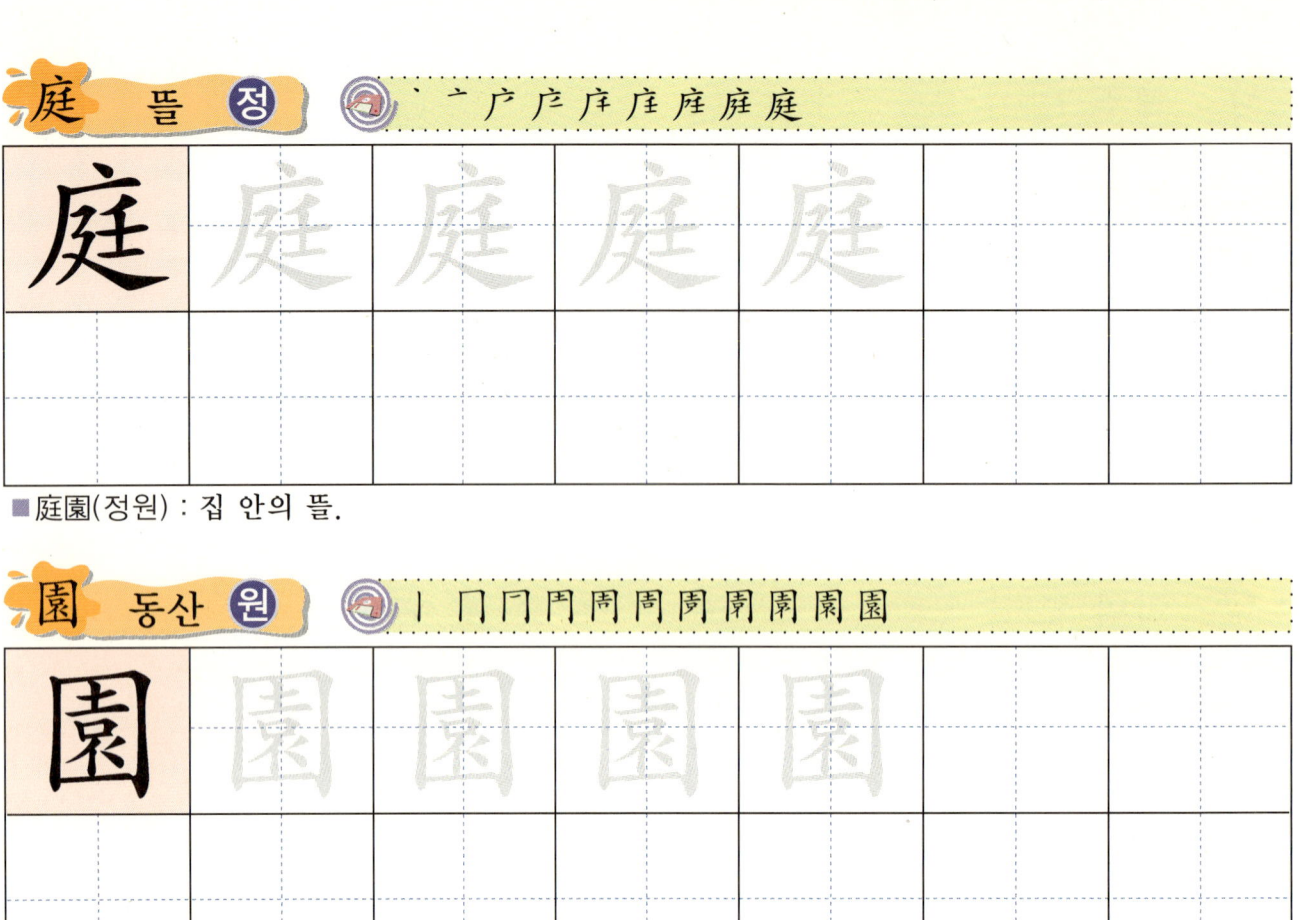

■ 庭園(정원) : 집 안의 뜰.

園 동산 원 `丨 冂 冂 冃 冃 周 周 周 周 園 園 園`

■ 花園(화원) : 꽃이 많이 피어 있는 곳.

黃 누를 황 `一 十 卄 卄 芏 芏 苩 苩 黃 黃 黃`

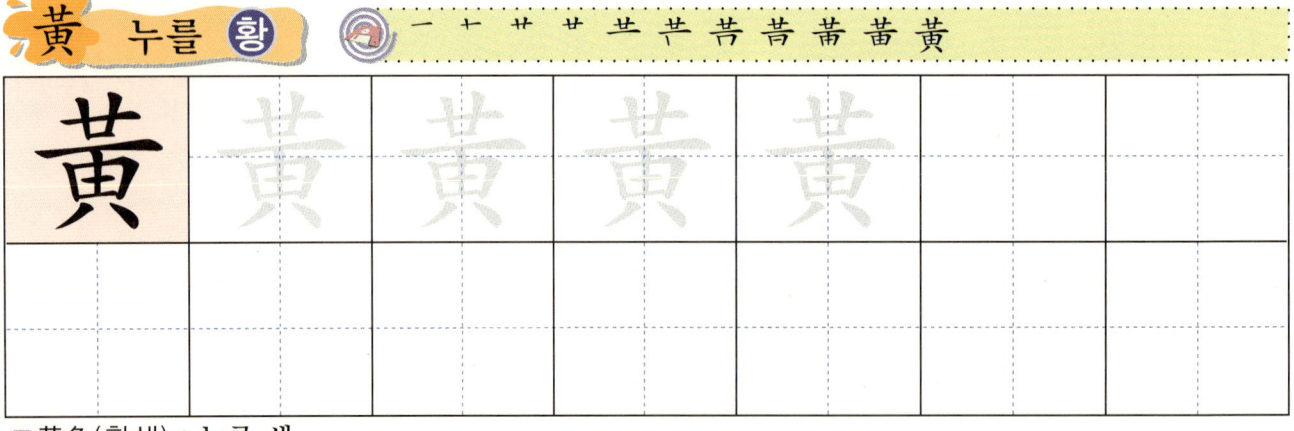

■ 黃色(황색) : 누른 색.

石 돌 석 `一 丆 ズ 石 石`

■ 石器(석기) : 돌로 만든 여러 가지 기구.

部 거느릴 부
`丶亠立产产音音音`部部

■ 部分(부분) : 전체를 몇 개로 나눈 것의 단위.

分 나눌 분
`丿八分分`

■ 分明(분명) : 흐릿하지 않고 또렷함.

特 특별할 특
`丿一二牛牛牜牜牿特特`

■ 特別(특별) : 평범하지 않고 보통과 다름.

別 나눌 별
`丨口口무另別別`

■ 別世(별세) : 세상을 떠남.

6급 13

球 공 구

一 丅 千 王 王 玎 玎 玎 玗 球 球

球	球	球	球	球		

■球技(구기) : 공을 갖고 하는 운동 경기. 또는 공을 다루는 솜씨.

角 뿔 각

ノ ㇇ ⺈ 角 角 角 角

角	角	角	角	角		

■角度(각도) : 각의 크기.

公 공변될 공

ノ 八 公 公

公	公	公	公	公		

■公共(공공) : 사회나 단체의 구성원으로 공동으로 관계되는 것.

共 함께 공

一 十 卄 廾 共 共

共	共	共	共	共		

■共存(공존) : 함께 살아 나감.

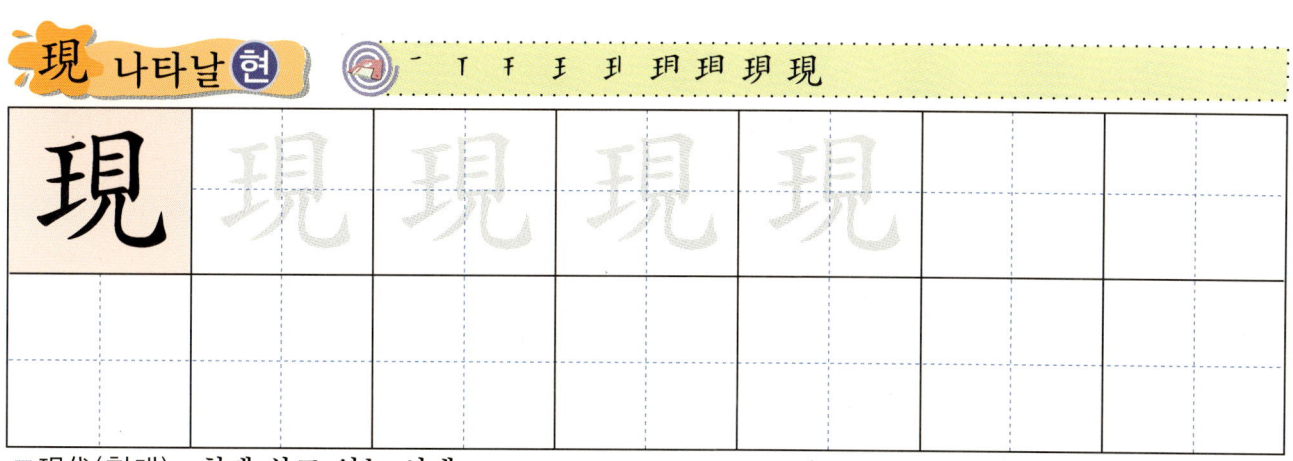

■ 現代(현대) : 현재 살고 있는 시대.

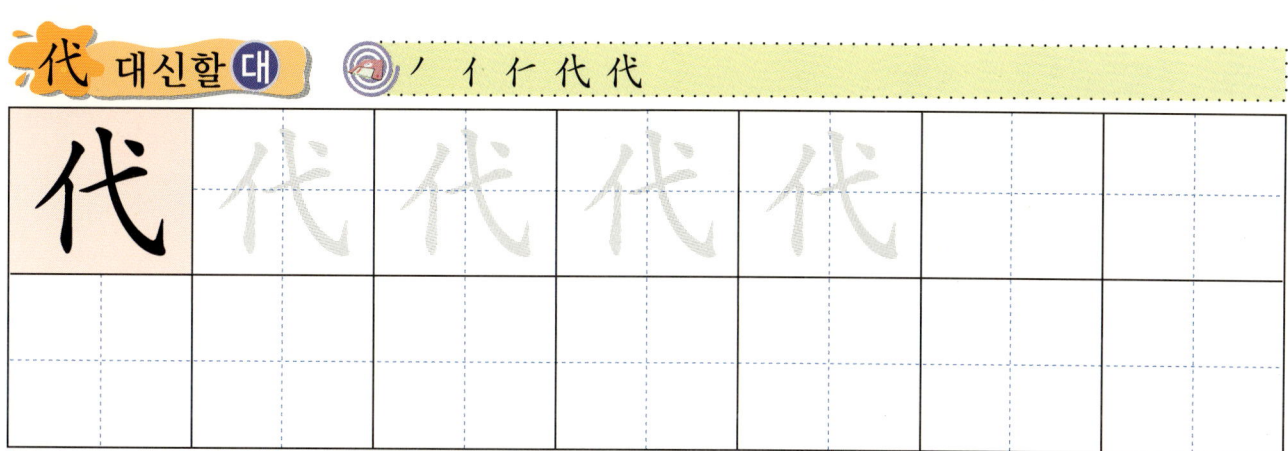

■ 一代(일대) : 사람의 일생. 한 세상.

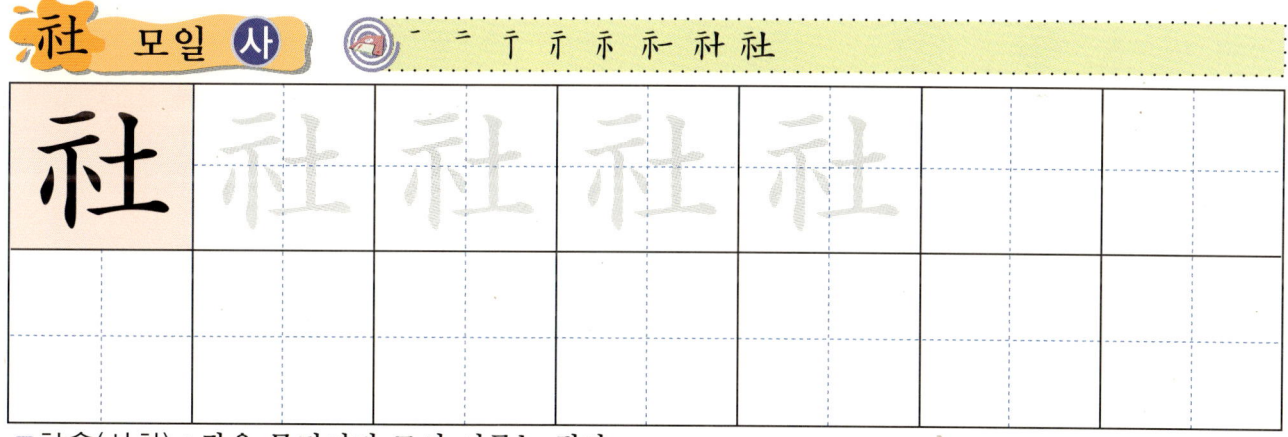

■ 社會(사회) : 같은 무리끼리 모여 이루는 집단.

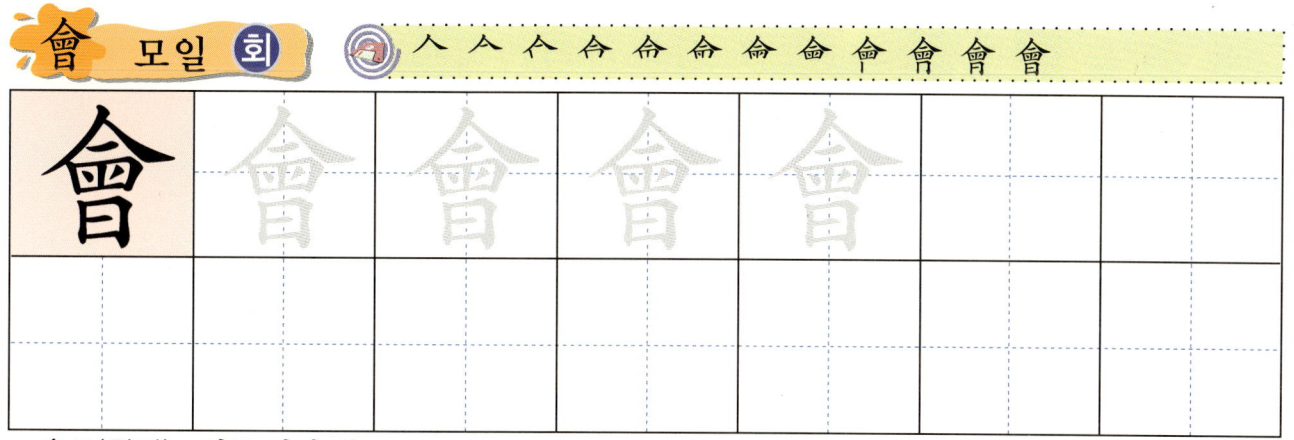

■ 會見(회견) : 서로 만나 봄.

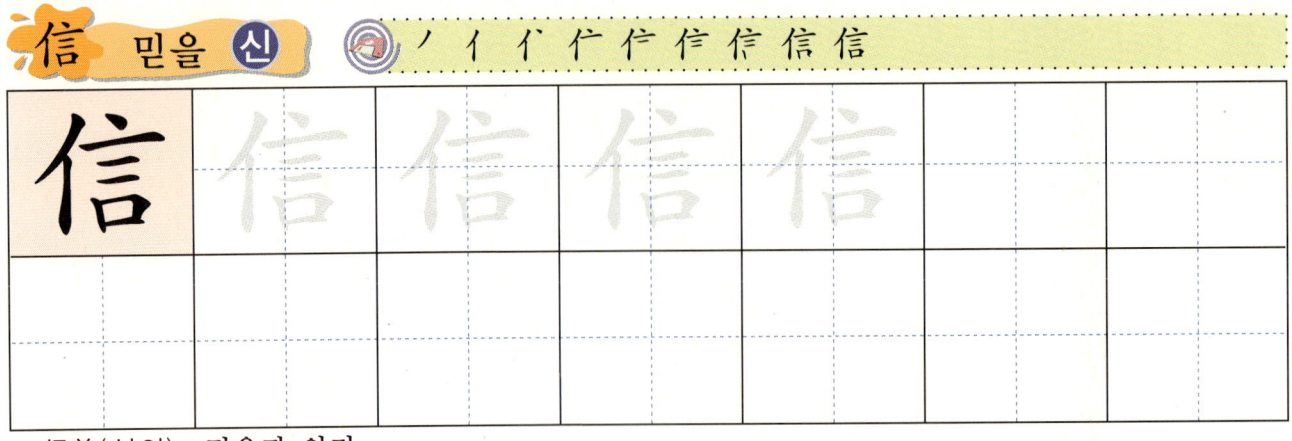

■ 信義(신의) : 믿음과 의리.

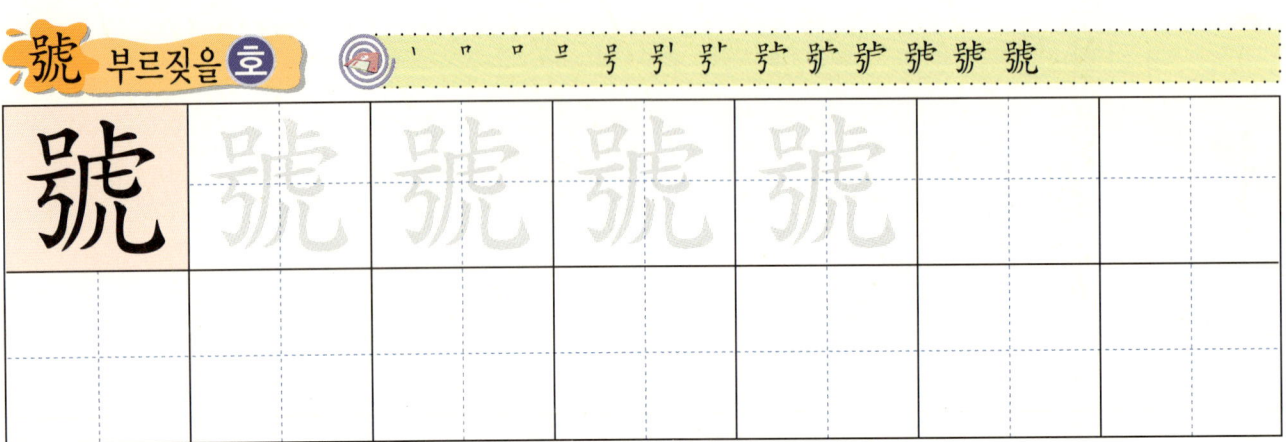

■ 信號(신호) : 일정한 부호나 손짓으로 서로 떨어진 사람끼리 뜻을 통하게 하는 방법.

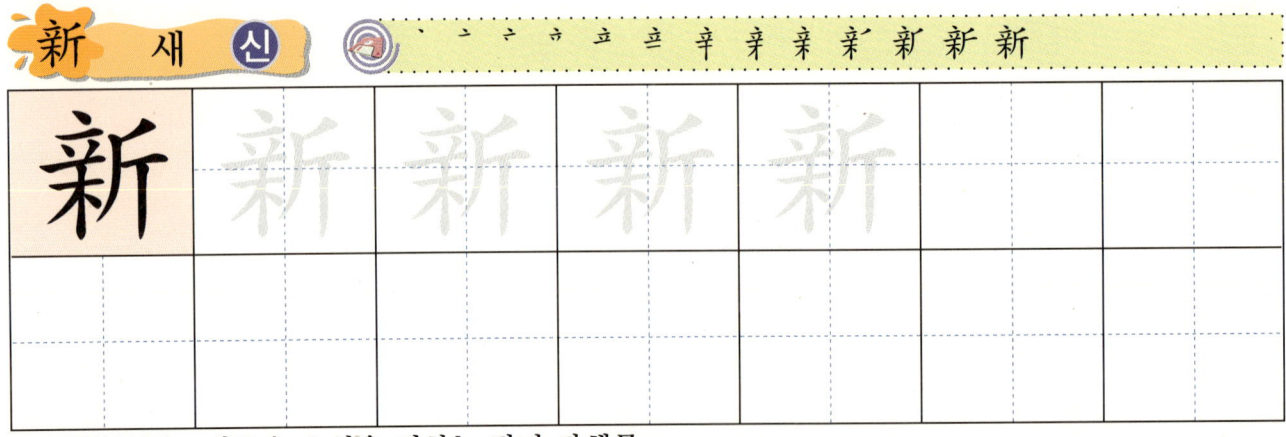

■ 新聞(신문) : 새로운 소식을 전하는 정기 간행물.

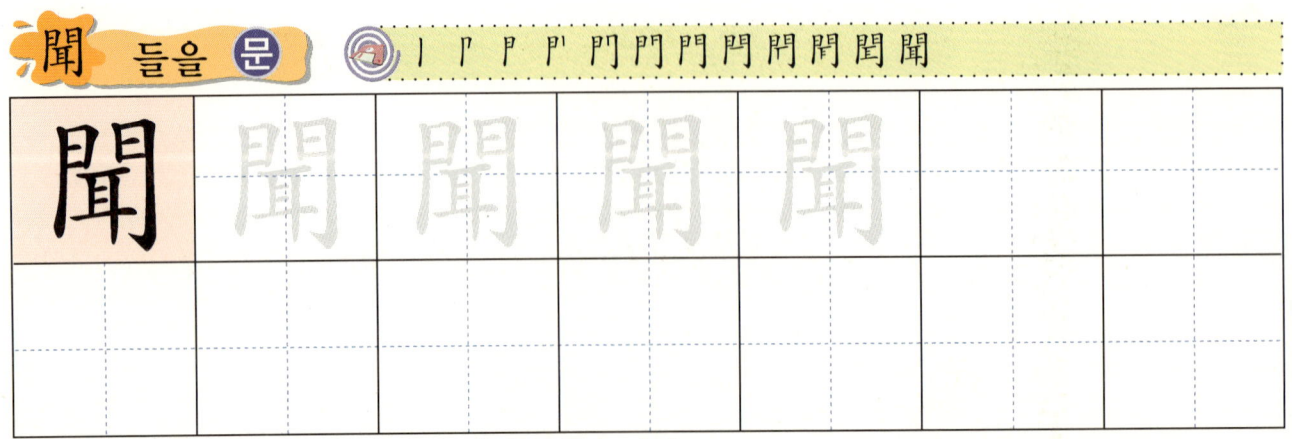

■ 見聞(견문) : 듣거나 보거나 하여 깨달아 얻은 지식.

身 몸 신

丿 亻 冂 冃 自 身 身

身	身	身	身	身		

■ 身病(신병) : 몸에 생긴 병.

體 몸 체

冂 冃 冃 冎 骨 骨ㄱ 骨ㄱ 骨曲 骨曲 骨曲 體 體

體	體	體	體	體		

■ 身體(신체) : 사람의 몸 .

衣 옷 의

丶 亠 ナ 亡 衣 衣

衣	衣	衣	衣	衣		

■ 衣服(의복) : 옷.

服 옷 복

丿 刀 月 月 月ㄱ 肥 服 服

服	服	服	服	服		

■ 服色(복색) : 옷의 빛깔.

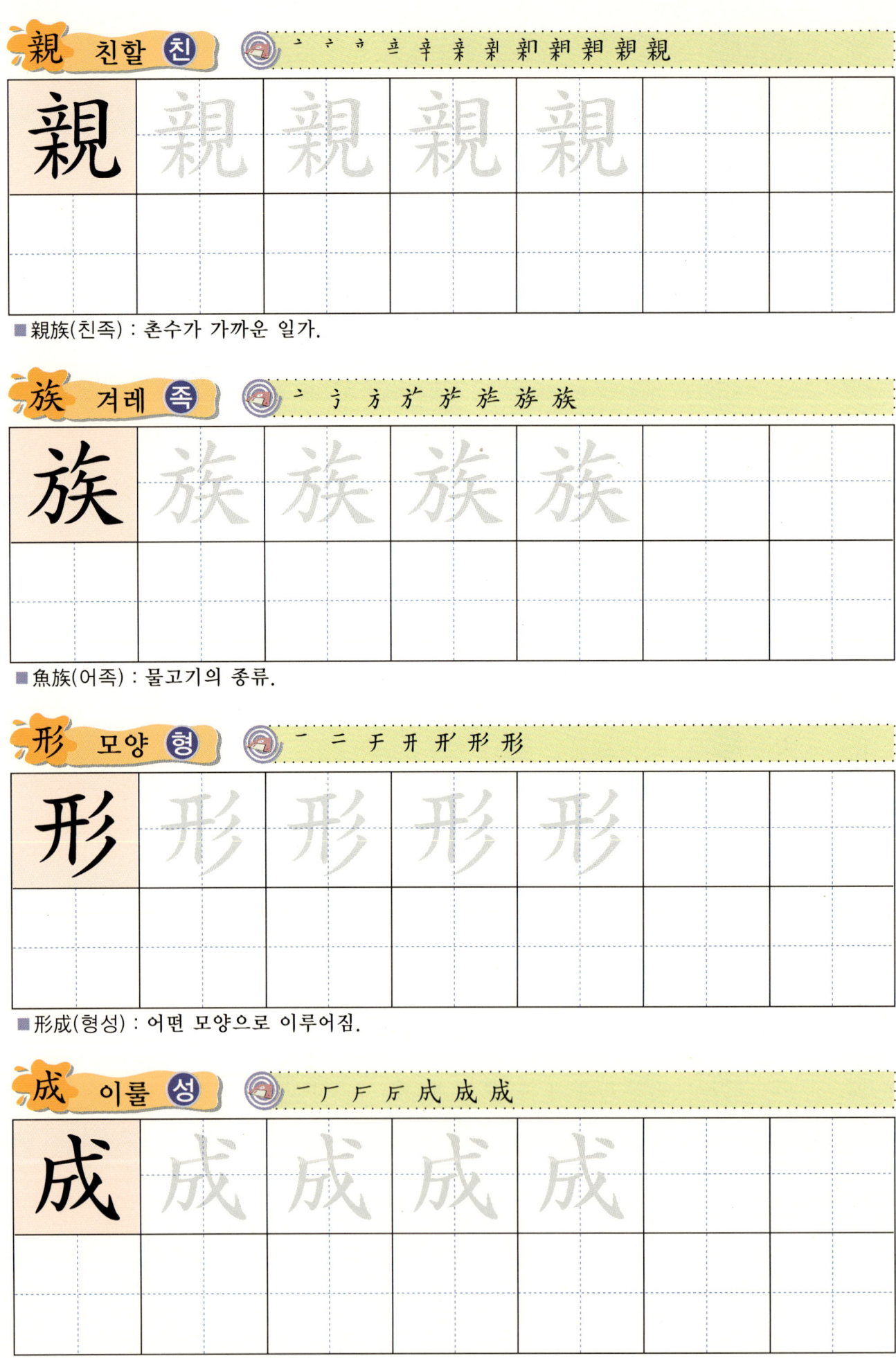

親(친족): 촌수가 가까운 일가.

族(어족): 물고기의 종류.

形成(형성): 어떤 모양으로 이루어짐.

成功(성공): 이루고자 한 목적을 이룸.

| 勇 날랠 용 | ㄱ ㄱ ㄲ ㄲ 甬 甬 勇 勇 |

■ 勇士(용사): 용감한 병사.

| 者 놈 자 | 一 十 土 耂 耂 者 者 |

■ 勇者(용자): 용감한 사람.

| 注 물댈 주 | 丶 丶 氵 氵 汁 汁 注 注 |

■ 注入(주입): 쏟아서 넣음.

| 油 기름 유 | 丶 丶 氵 汁 沽 油 油 |

■ 注油(주유): 기름을 넣음.

通 통할 통
一マア丙丙丙月甬甬通通通

通 通 通 通 通

■ 通風(통풍) : 바람이 통함.

行 갈 행
ノクイ彳行行

行 行 行 行 行

■ 通行(통행) : 통하여 다님.

速 빠를 속
一一一一一一束束束涑速

速 速 速 速 速

■ 速記(속기) : 빨리 적음.

度 법도 도
、一广广广产庐度度

度 度 度 度 度

■ 速度(속도) : 빠른 정도.

■ 路線(노선) : 사람들이 일정하게 정해 놓고 오가는 길.

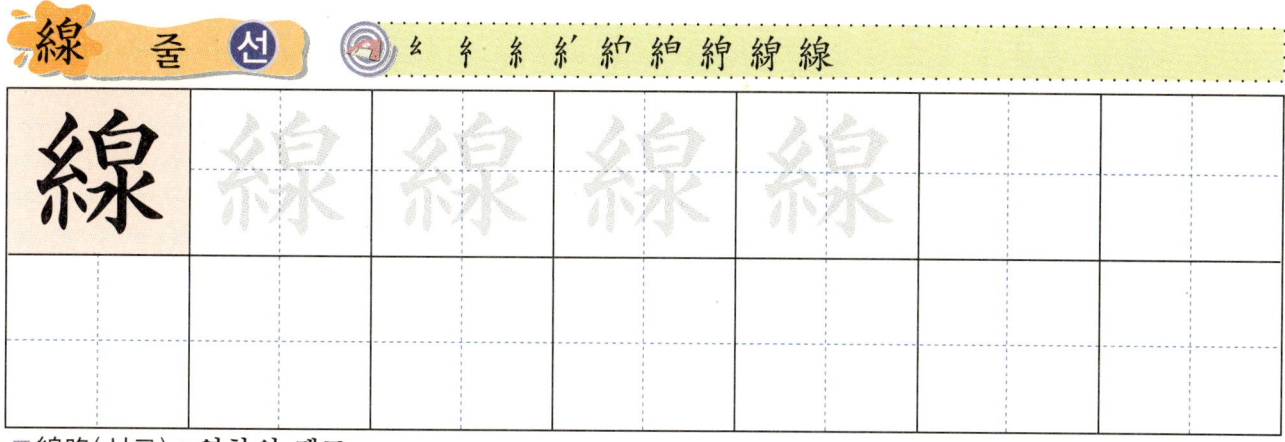

■ 線路(선로) : 열차의 궤도.

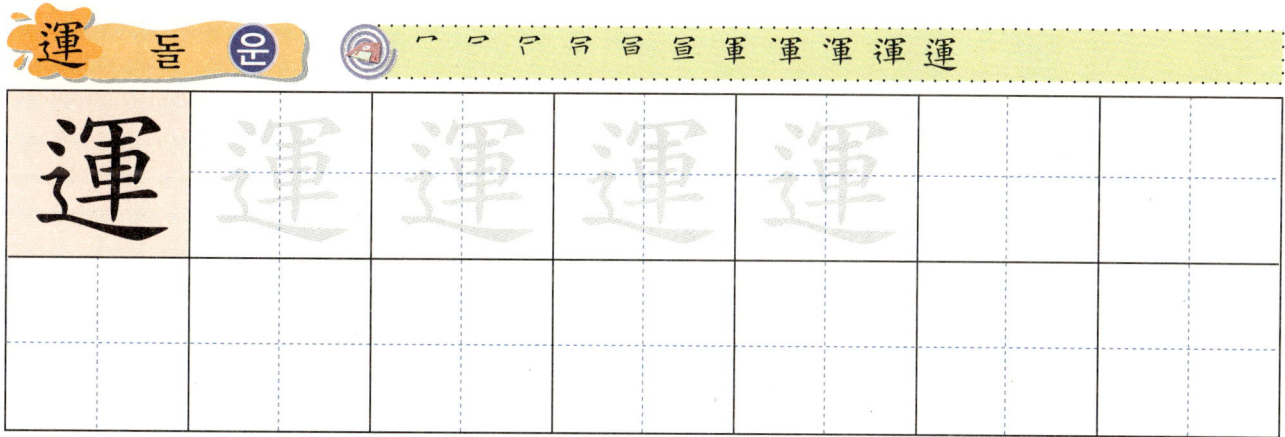

■ 運動(운동) : 건강을 위해 몸을 이리저리 움직임.

■ 運用(운용) : 움직여 씀.

| 集 모을 집 | ノ イ イ ゲ 作 作 作 佳 隹 隼 集 集 |

集	集	集	集	集			

■ 集中(집중) : 한 군데로 모이거나 모음.

| 計 셈할 계 | 、 一 ニ 主 言 言 言 計 計 |

計	計	計	計	計			

■ 集計(집계) : 한데로 모은 통계.

| 圖 그림 도 | 丨 冂 冂 冂 冂 冎 冎 昌 圖 圖 圖 圖 圖 |

圖	圖	圖	圖	圖			

■ 圖面(도면) : 제도기를 써서 건축, 기계 등을 설계한 그림.

| 章 글 장 | 、 一 ナ 立 产 产 音 音 音 章 章 |

章	章	章	章	章			

■ 圖章(도장) : 개인·단체의 이름을 나무 따위에 새긴 것으로 서류에 찍어 증거로 삼는 물건.

例 법식 례

丿 亻 仁 仃 伢 伢 伢 例 例

例	例	例	例	例		

■事例(사례) : 일의 실제 예.

題 제목 제

丨 ㄇ 日 日 旦 早 早 昰 是 是 是 是 題 題 題 題 題 題

題	題	題	題	題		

■例題(예제) : 연습을 위해, 보기로서 내는 문제.

區 구분할 구

一 丆 丆 丆 丆 丆 丆 丆 區 區 區

區	區	區	區	區		

■區別(구별) : 따로따로 종류에 따라 갈라 놓음.

郡 고을 군

ㄱ ㅋ ㅋ 尹 尹 君 君 君 郡 郡

郡	郡	郡	郡	郡		

■郡民(군민) : 행정 구역인 군 안에 사는 사람.

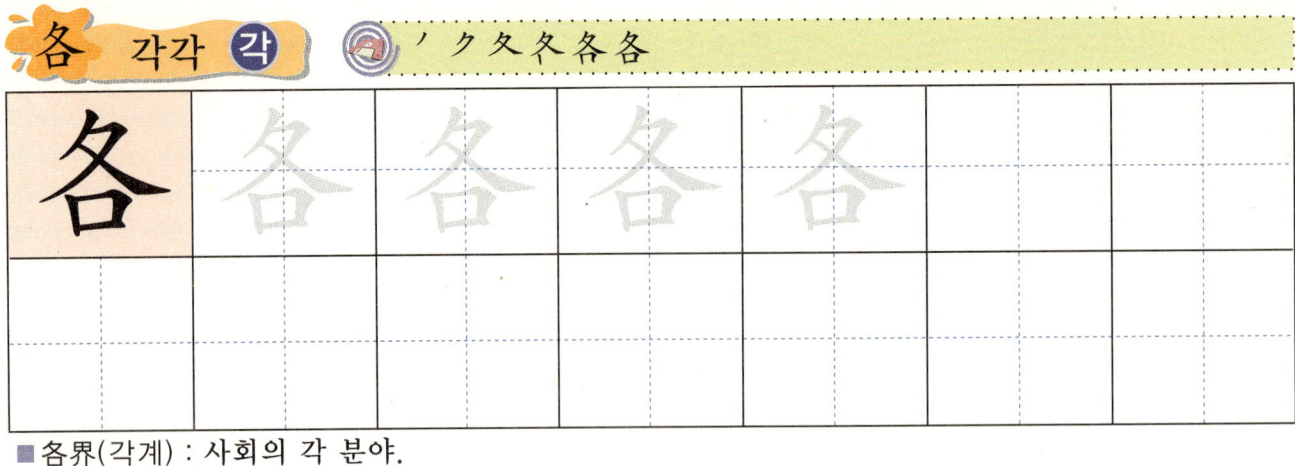

■ 各界(각계) : 사회의 각 분야.

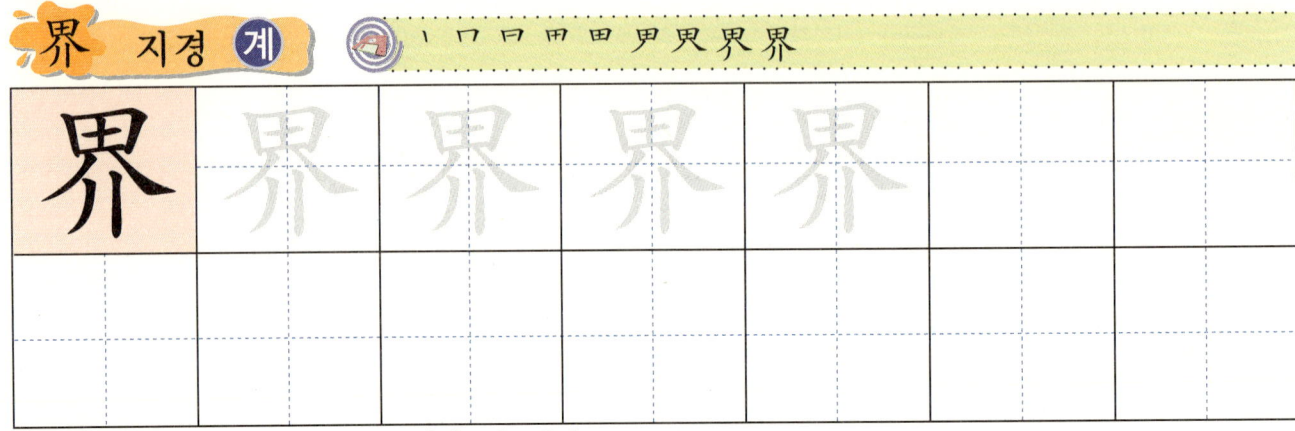

■ 世界(세계) : 지구 위의 모든 지역. 온 세상.

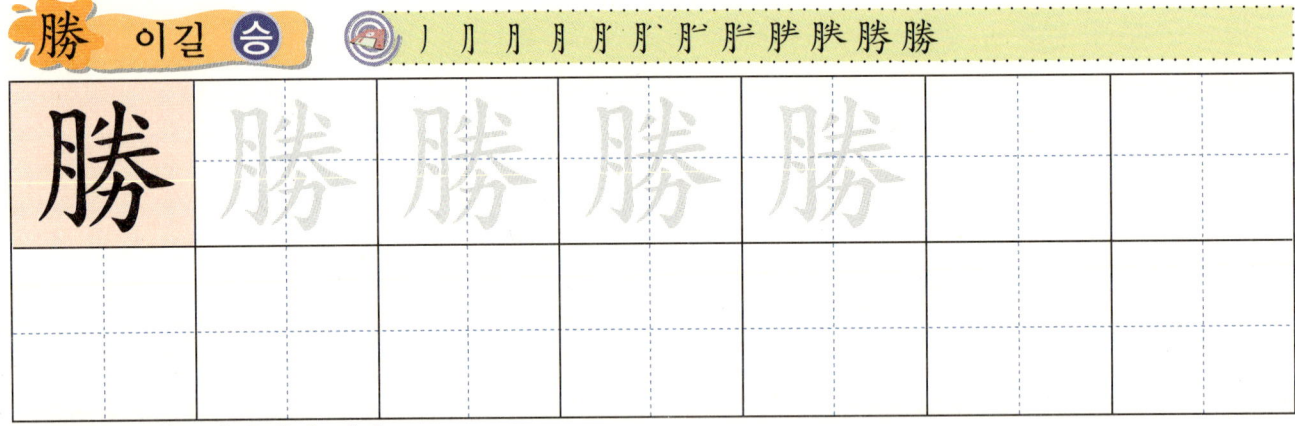

■ 勝戰(승전) : 전쟁에서 이김.

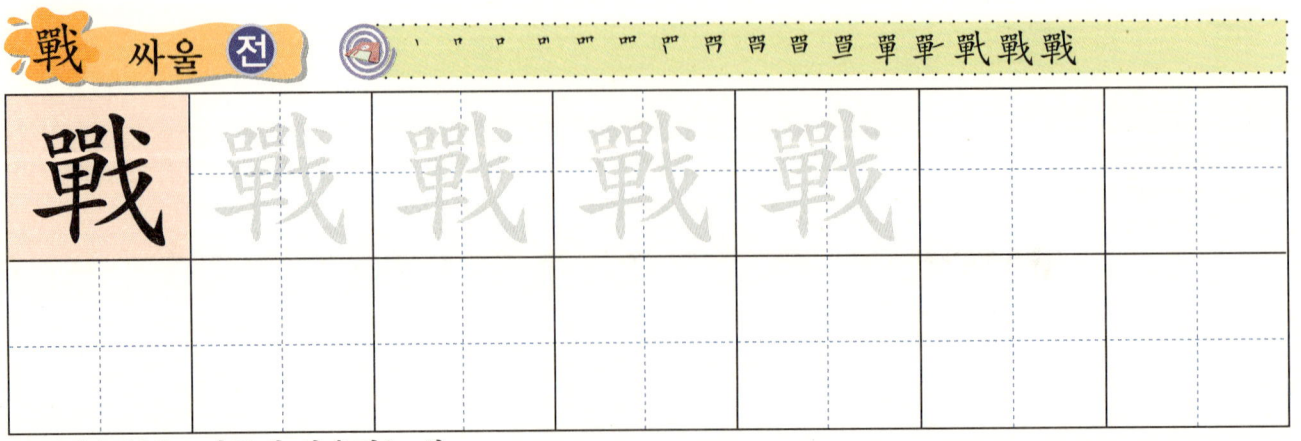

■ 戰車(전차) : 전투에 사용되는 차.

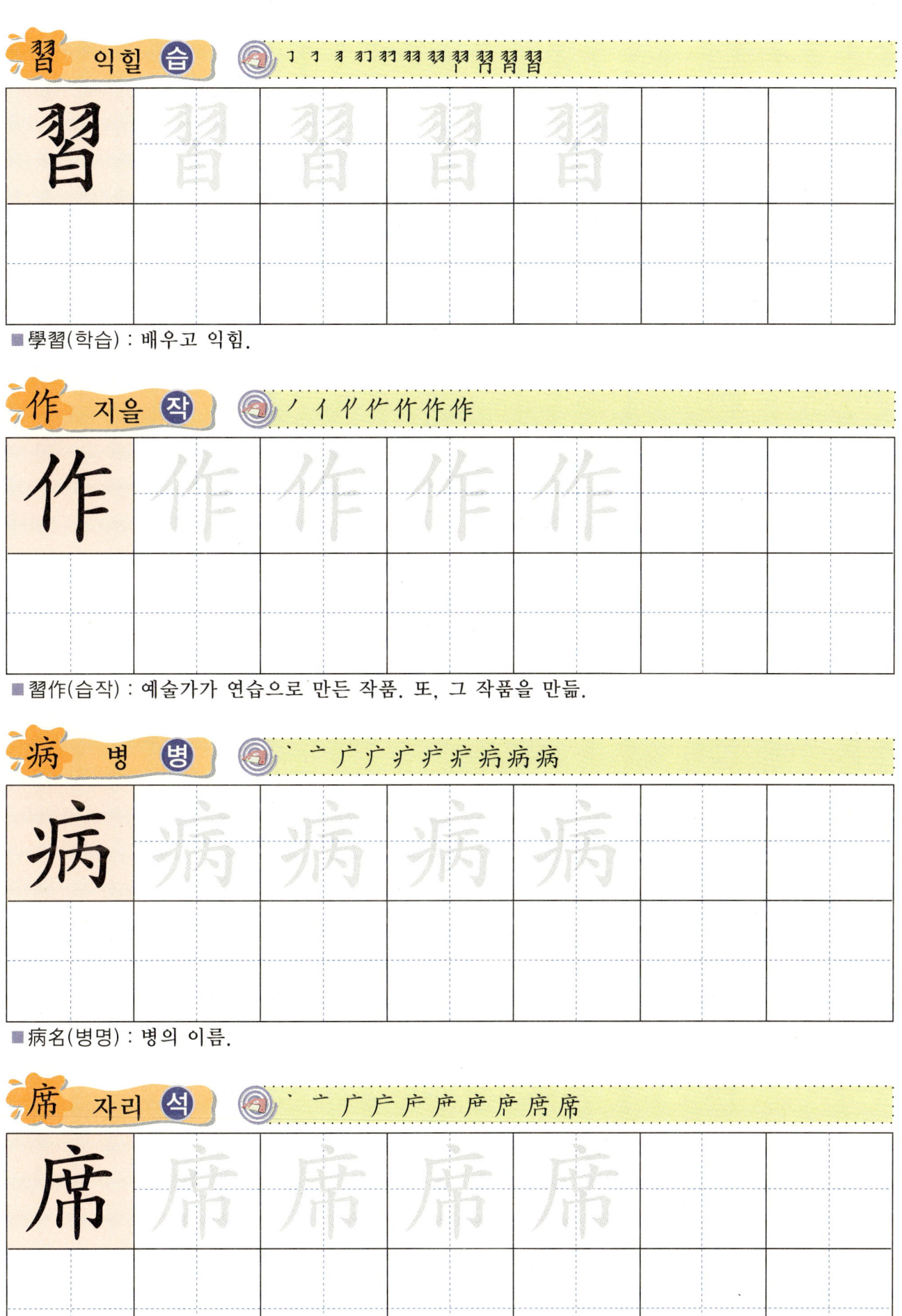

| 習 익힐 습 | ㄱ ㅋ ㅋ ㅋㄱ ㅋㄱ ㅋㄱ ㅋㅋ 習 習 習 |

■ 學習(학습) : 배우고 익힘.

| 作 지을 작 | ノ 亻 亻 伫 乍 作 作 |

■ 習作(습작) : 예술가가 연습으로 만든 작품. 또, 그 작품을 만듦.

| 病 병 병 | 丶 亠 广 疒 疒 疒 疒 病 病 病 |

■ 病名(병명) : 병의 이름.

| 席 자리 석 | 丶 亠 广 广 庐 庐 庐 庐 席 席 |

■ 病席(병석) : 병자가 앓아 누워 있는 자리. 병을 앓고 있음.

消 사라질 소

` ` 氵 氵' 氵'' 氵'' 氵'' 消 消 消

消	消	消	消	消		

■ 消失(소실) : 사라져 없어짐. 잃어버림.

失 잃을 실

丿 𠂉 𠂉 丛 失

失	失	失	失	失		

■ 失明(실명) : 시력을 잃음. 눈이 어두워짐.

半 반 반

丶 丷 丷 二 半

半	半	半	半	半		

■ 半年(반 년) : 1년의 절반. 6개월.

窓 창 창

` 丶 宀 穴 穴 空 空 空 窓 窓 窓

窓	窓	窓	窓	窓		

■ 窓門(창문) : 공기나 햇빛이 통하도록 벽이나 지붕에 만든 작은 문.

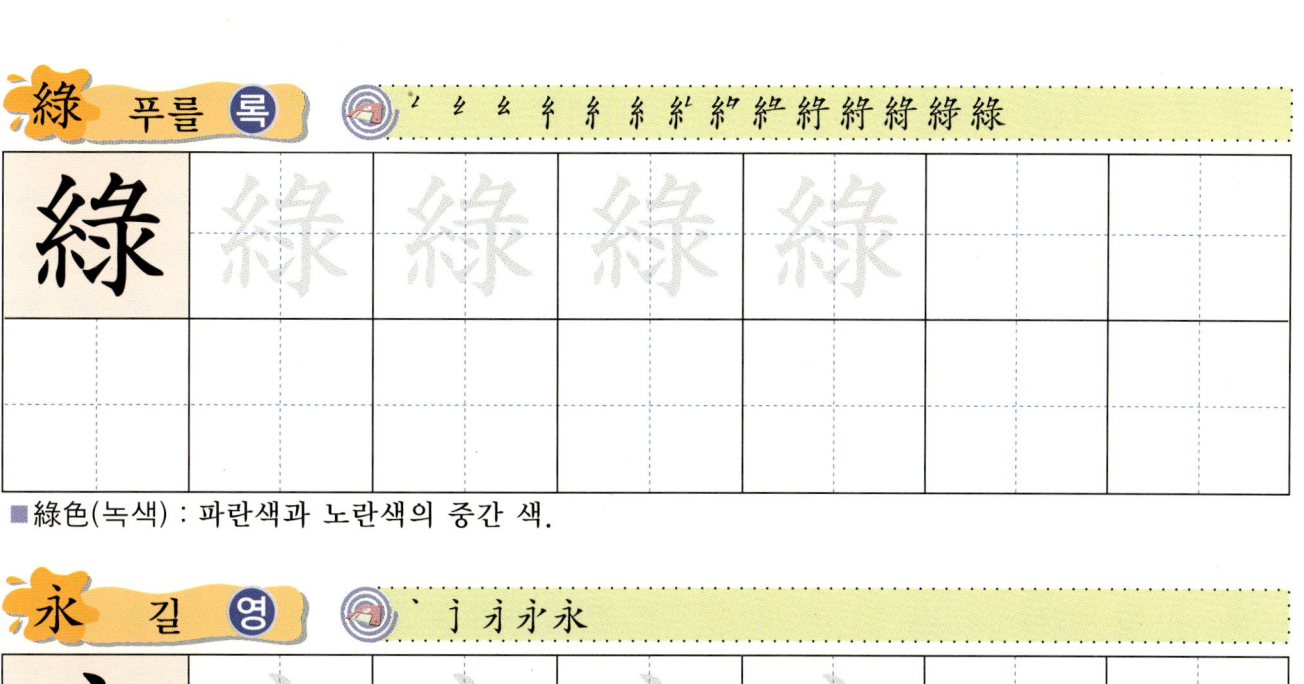

■ 綠色(녹색) : 파란색과 노란색의 중간 색.

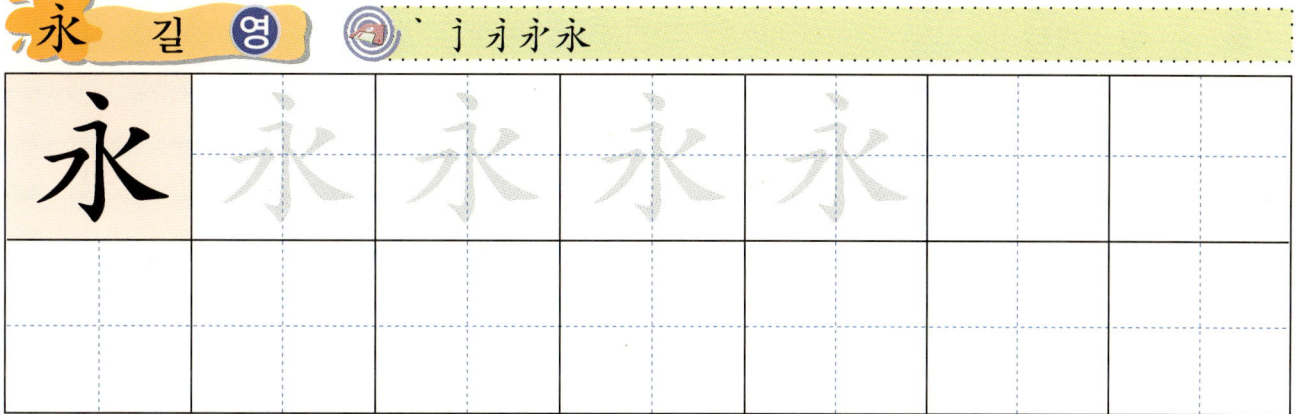

■ 永住(영주) : 한 곳에 오랫동안 삶.

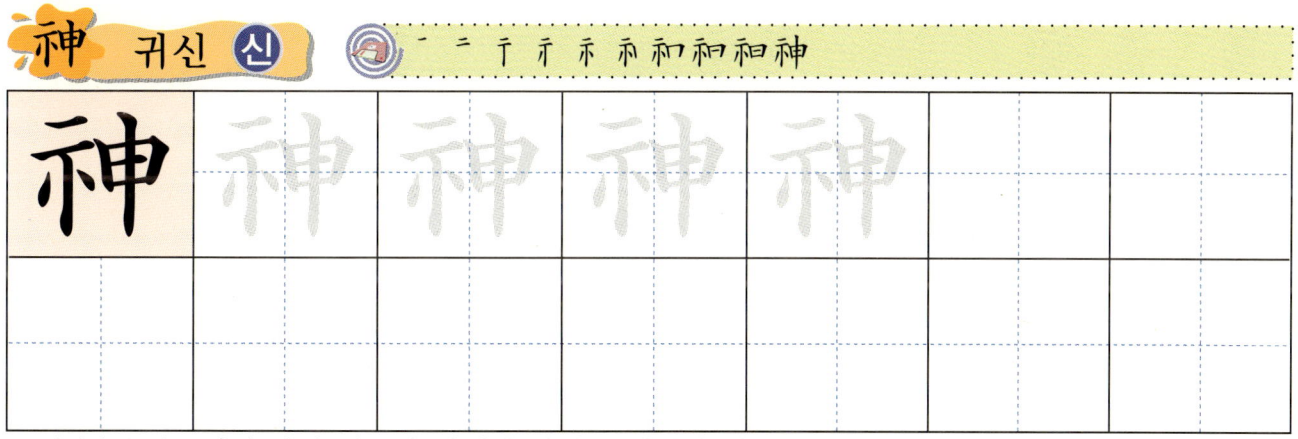

■ 神童(신동) : 여러 가지 재주와 지혜가 남달리 뛰어난 아이.

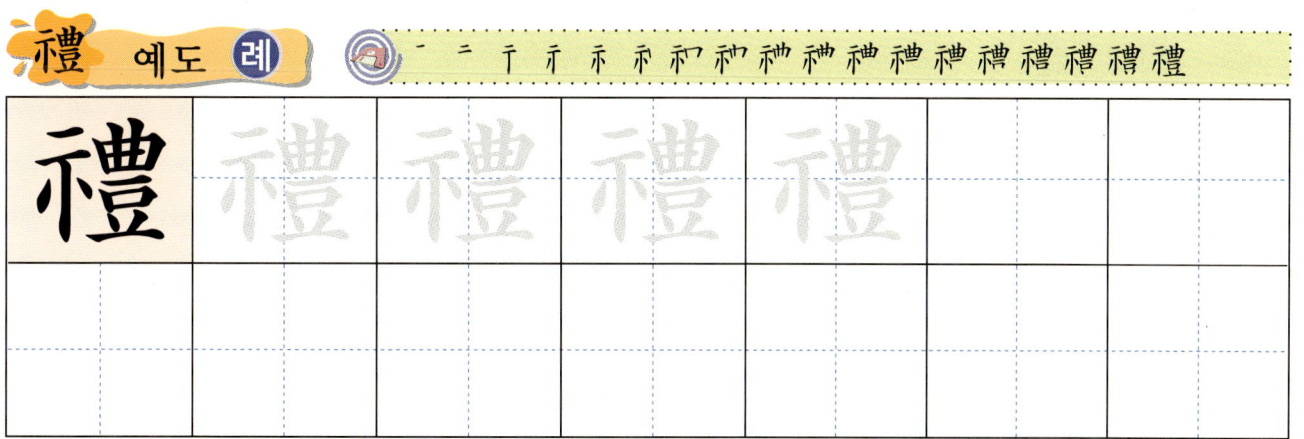

■ 禮式場(예식장) : 예식을 올리는 곳. 결혼식장을 말함.

開 열 개

丨 𠃌 ㇆ 𠃍 門 門 門 門 門 閂 開 開

開	開	開	開	開		

■ 開業(개업) : 영업이나 사업을 처음 시작함.

業 일 업

丨 丨丨 丨丨丨 业 业 业 丵 丵 丵 丵 丵 業 業

業	業	業	業	業		

■ 業主(업주) : 사업장의 주인.

功 공 공

一 丅 工 巧 功

功	功	功	功	功		

■ 成功(성공) : 뜻을 이룸. 부나 명예 등 공로를 이룸.

第 차례 제

丿 𠂉 𥫗 𥫗 竹 竺 笃 笃 笃 第 第

第	第	第	第	第		

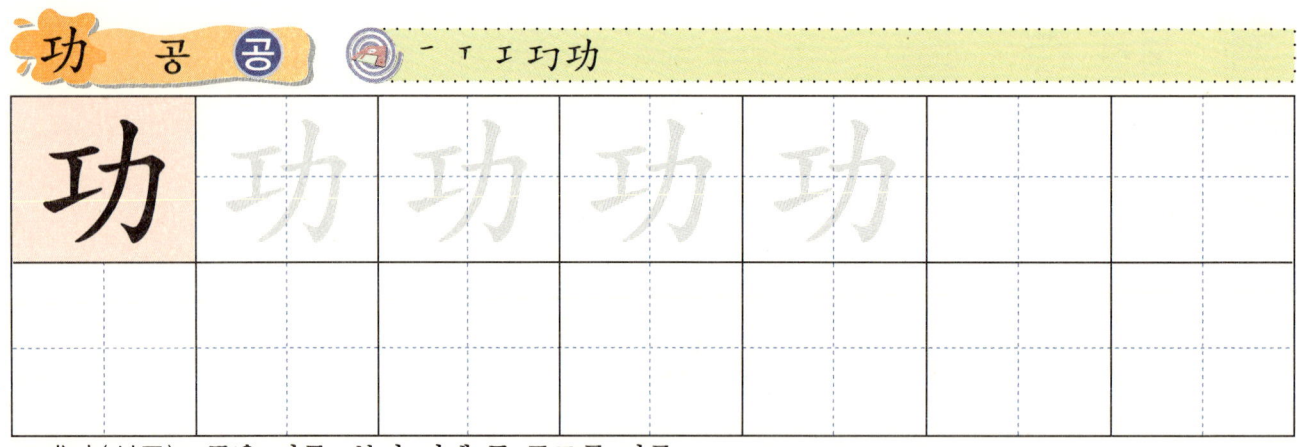

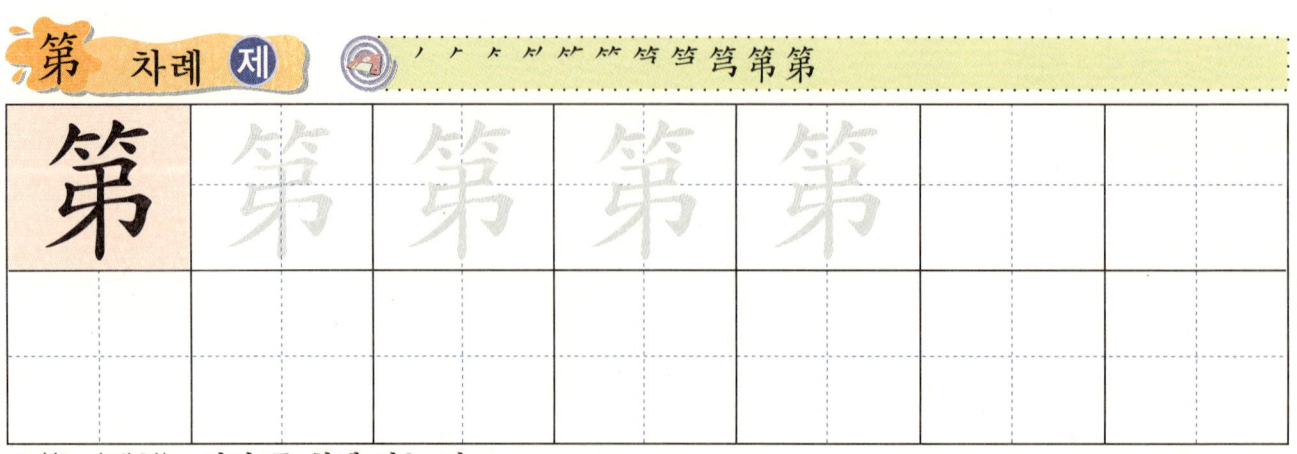

■ 第一(제일) : 여럿 중 첫째 가는 것.

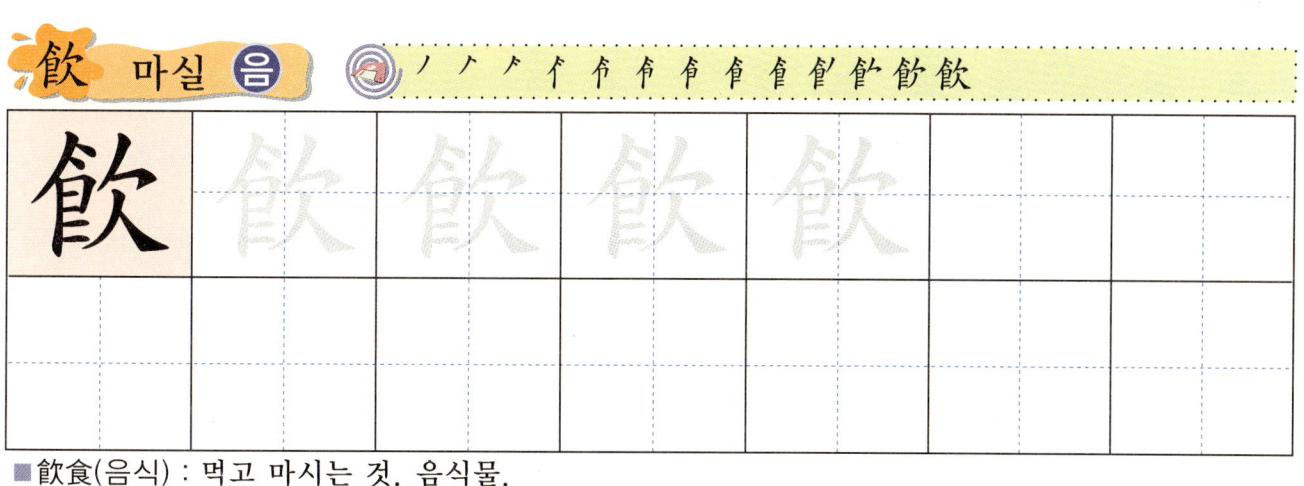

■ 飮食(음식) : 먹고 마시는 것. 음식물.

■ 入學式(입학식) : 갓 입학한 신입생을 모아 놓고 행하는 의식.

■ 番地(번지) : 토지를 조각조각 나누어서 각각에 매겨 놓은 땅의 번호.

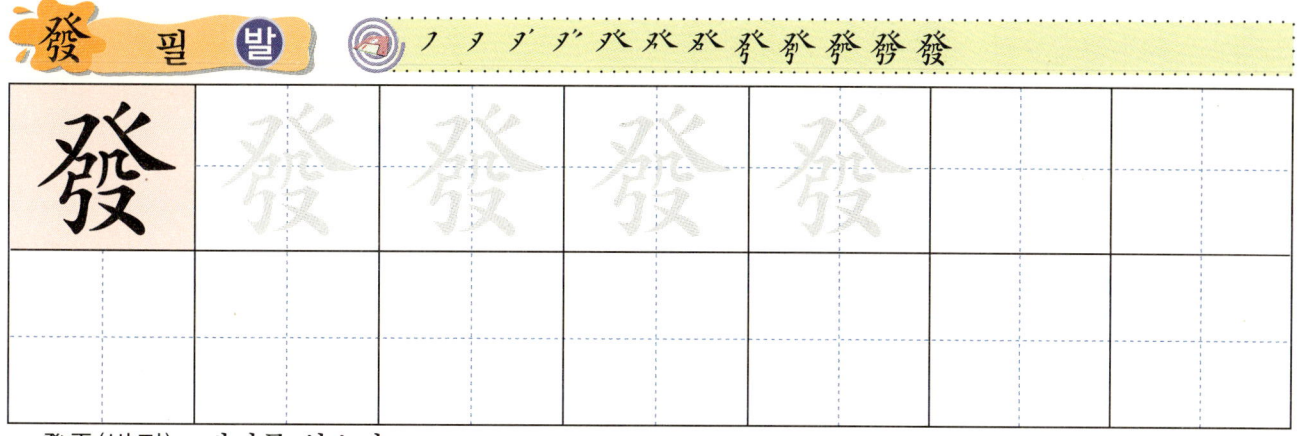

■ 發電(발전) : 전기를 일으킴.

急 급할 급

ノ ク ク 刍 刍 刍 急 急 急

急	急	急	急	急		

■急速(급속) : 몹시 빠름. 매우 급함.

高 높을 고

丶 亠 亠 亠 亠 亠 高 高 高 高

高	高	高	高	高		

■高級(고급) : 높은 등급(계급).

利 이로울 리

丿 二 千 禾 禾 利 利

利	利	利	利	利		

■利用(이용) : 이롭게 쓰거나 쓸모 있게 씀.

朴 순박할 박

一 十 才 木 朴 朴

朴	朴	朴	朴	朴		

■素朴(소박) : 꾸밈이나 거짓이 없이 있는 그대로임.

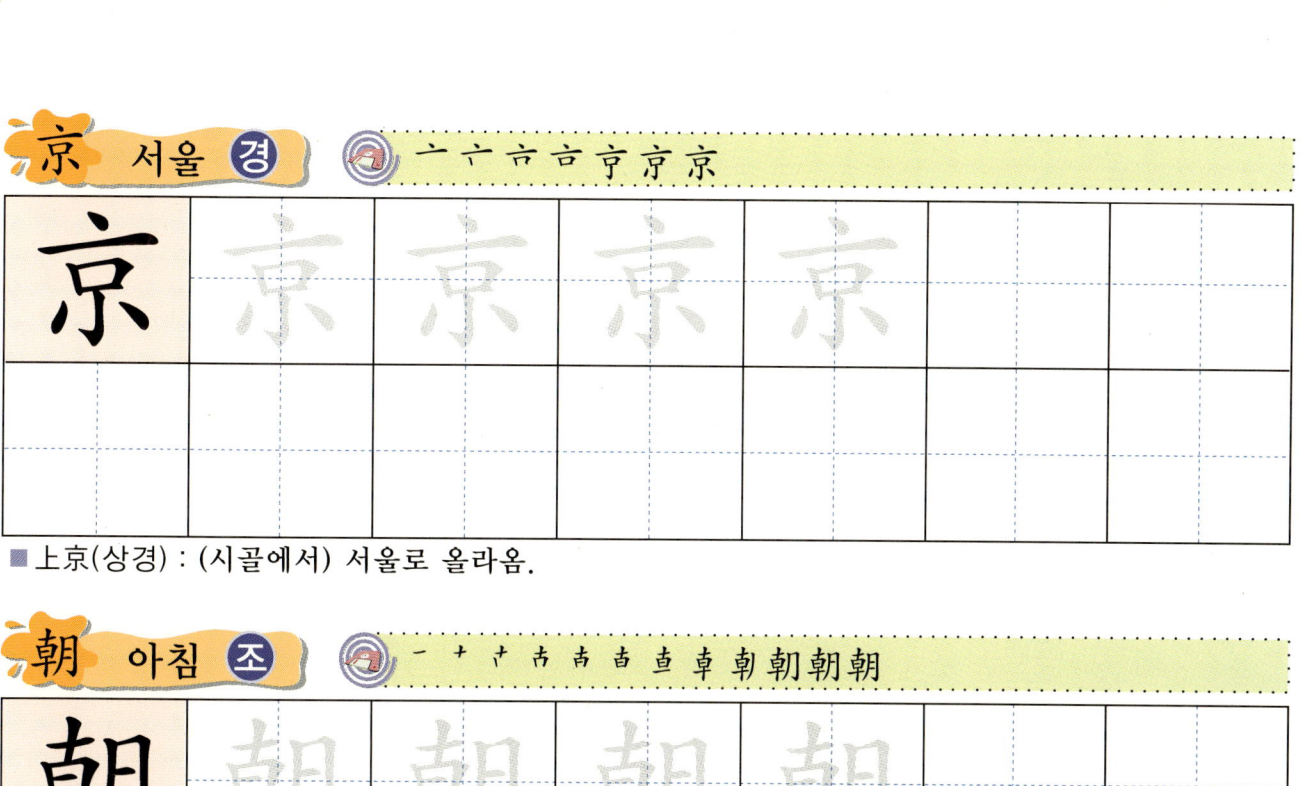

■ 上京(상경) : (시골에서) 서울로 올라옴.

■ 朝夕(조석) : 아침과 저녁.

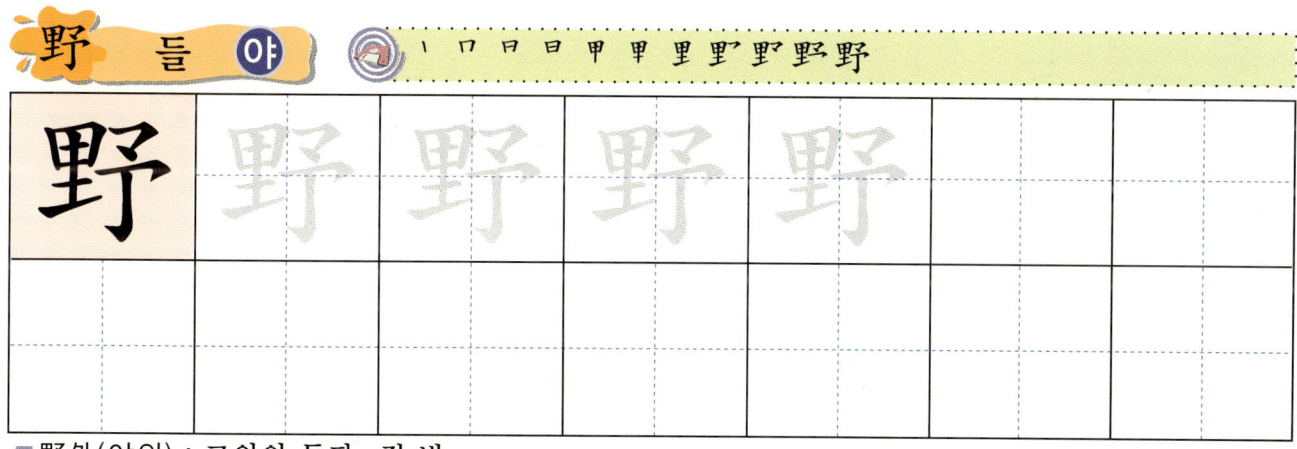

■ 野外(야외) : 교외의 들판. 집 밖.

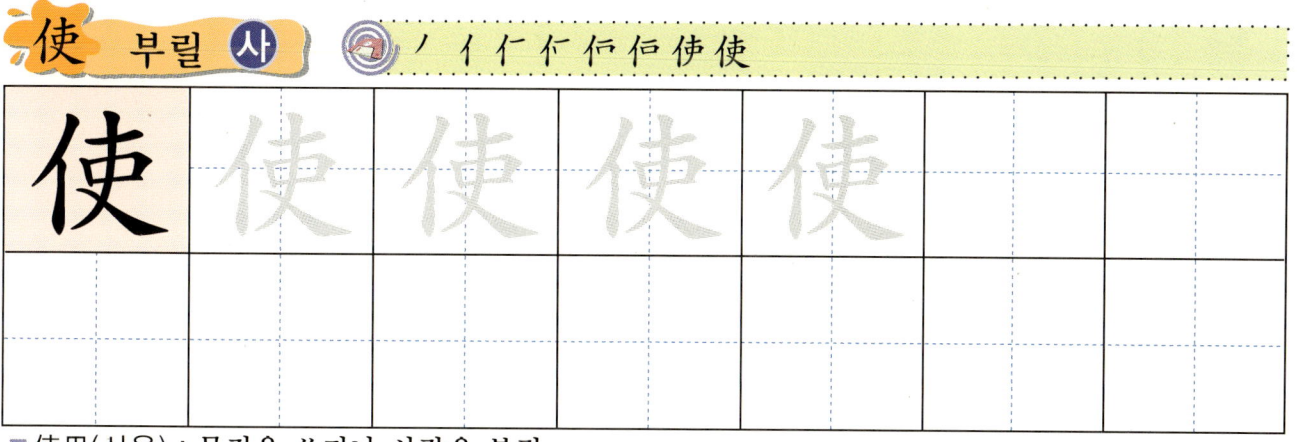

■ 使用(사용) : 물건을 쓰거나 사람을 부림.

本 근본 본   一十才木本

■本性(본성) : 원래부터 지니고 있는 성격.

始 처음 시   ㄑ ㄠ 女 女 女 始 始 始

■始作(시작) : 어떤 일을 처음 하는 때. 처음.

孫 손자 손   ㄱ 了 子 孑 孒 孫 孫 孫

■孫子(손자) : 자녀의 아들.

等 같을 등   ノ ト 广 ド 灯 烁 烁 等 笁 笁 等 等

■等數(등수) : 등급을 매긴 수. 등급.

清 맑을 청
`、丶氵氵浐浐清清清清清`

■ 淸明(청명) : 24 절기 중의 하나. 날씨가 맑고 깨끗함.

洋 큰바다 양
`、丶氵氵氵洋洋洋洋`

■ 大洋(대양) : 대륙을 둘러싸고 있는 큰 바다.

言 말씀 언
`、亠宁言言言言`

■ 言語(언어) : 말과 글.

向 향할 향
`ノ 亻 冂 向 向 向`

■ 方向(방향) : 향하는 쪽. 가는 곳.

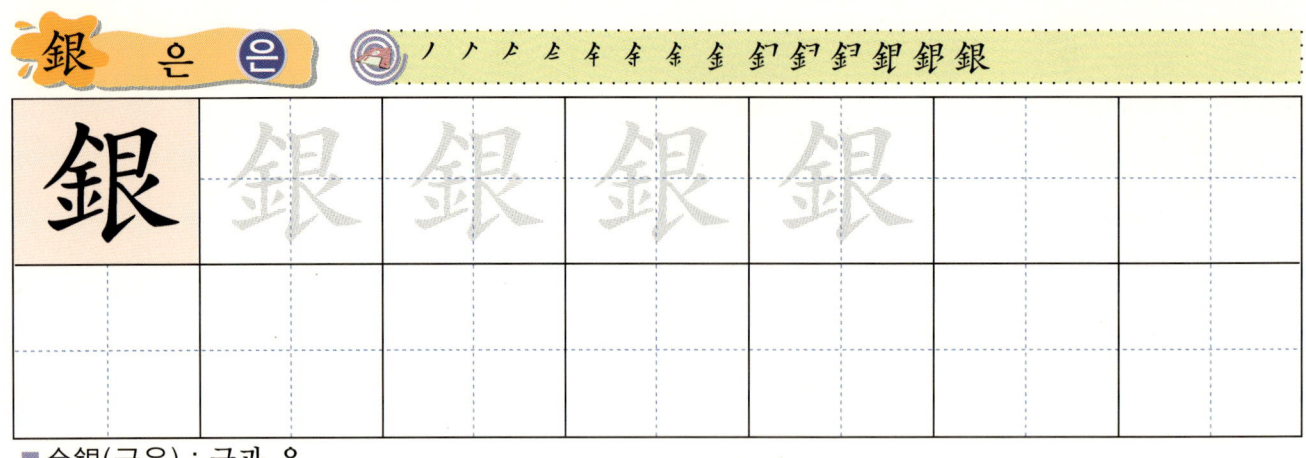

■ 金銀(금은) : 금과 은.

■ 定期(정기) : 정해진 기간이나 시한.

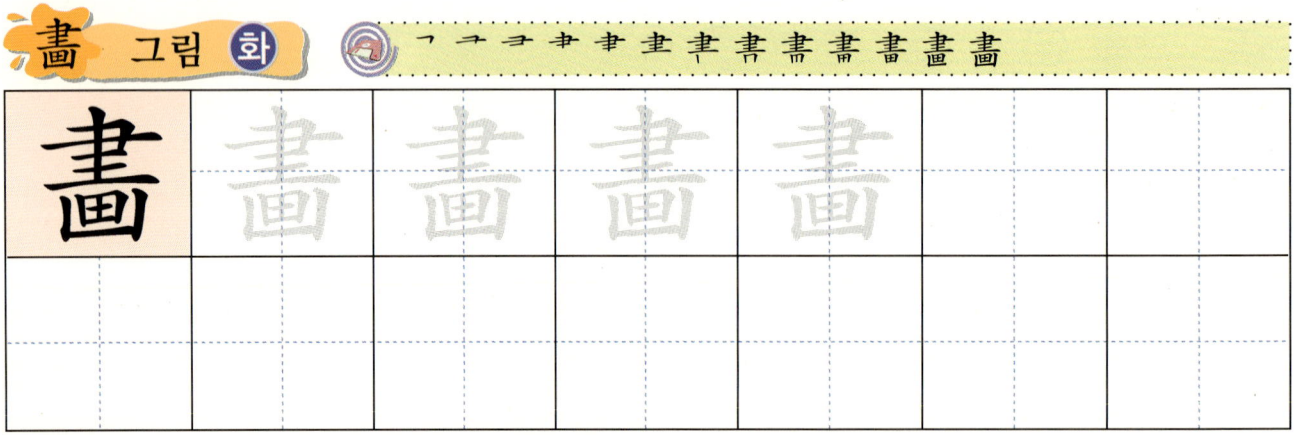

■ 畵家(화가) : 그림을 그리는 것을 직업으로 하는 사람.

■ 科目(과목) : 분야별로 나눈 학문의 구분. 교과를 구성하는 단위.

■ 班長(반장) : 학교 등에서 반을 대표하는 사람.

■ 對話(대화) : 서로 마주 대하여 이야기함.

■ 醫書(의서) : 병의 치료 및 예방을 기록한 책.

■ 藥草(약초) : 약으로 쓰이는 풀.

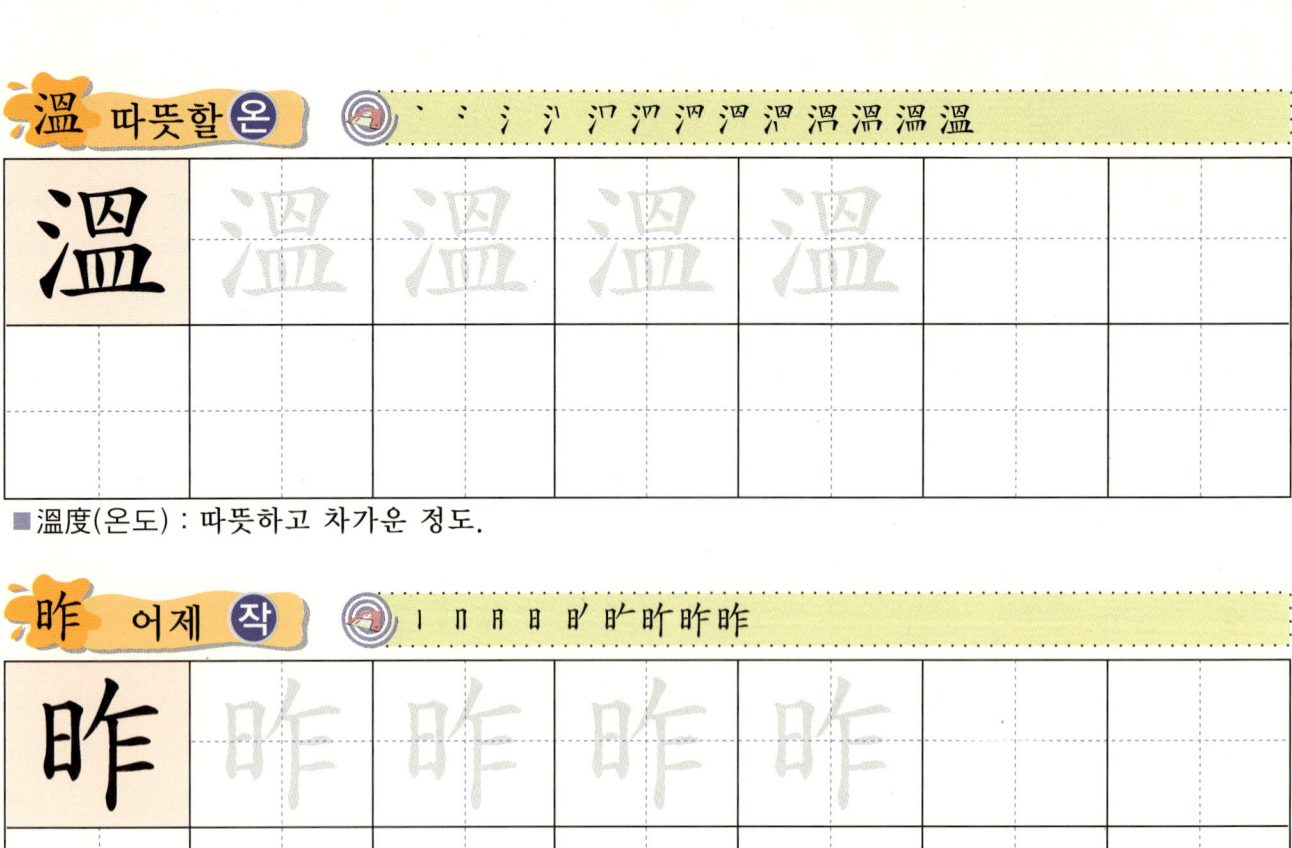

■ 溫度(온도) : 따뜻하고 차가운 정도.

■ 昨年(작년) : 지난 해.

■ 在學(재학) : 학교에 다니고 있음.

■ 愛國(애국) : 자기 나라를 사랑함.

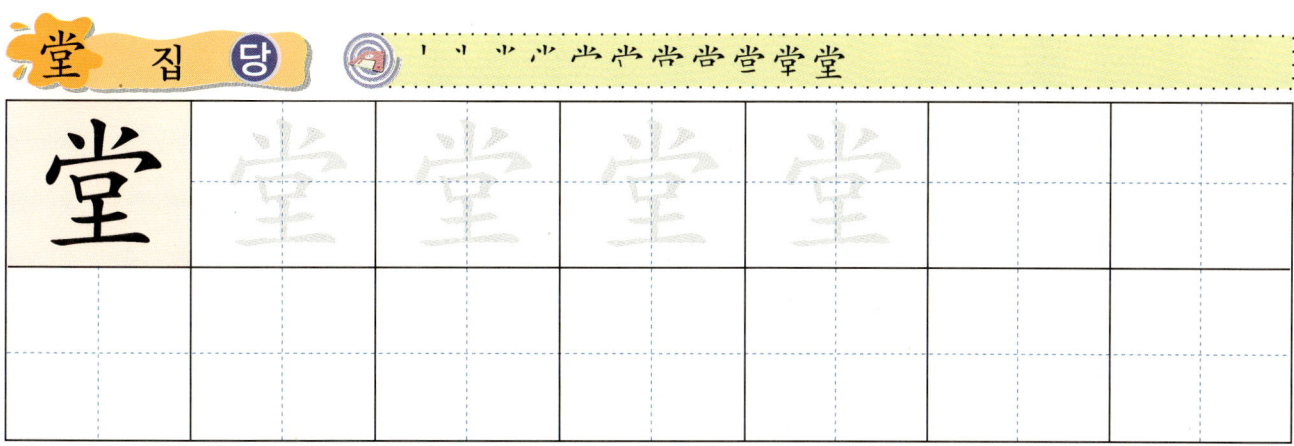

■ 食堂(식당) : 밥을 먹을 수 있도록 만든 집.

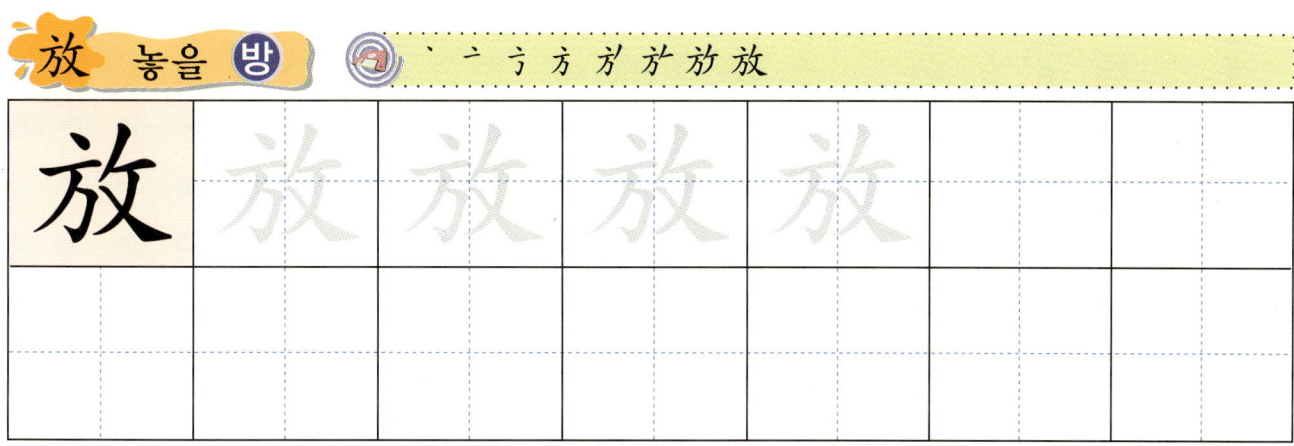

■ 放學(방학) : 더위, 추위가 심한 일정 기간 동안 수업을 쉬는 것.

■ 多少(다소) : 많고 적음.

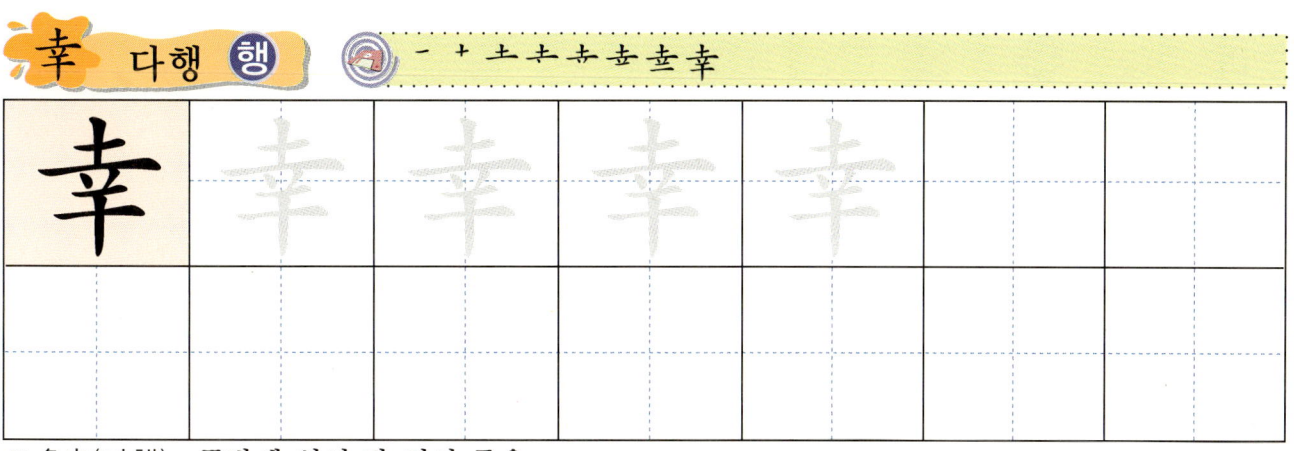

■ 多幸(다행) : 뜻밖에 일이 잘 되어 좋음.

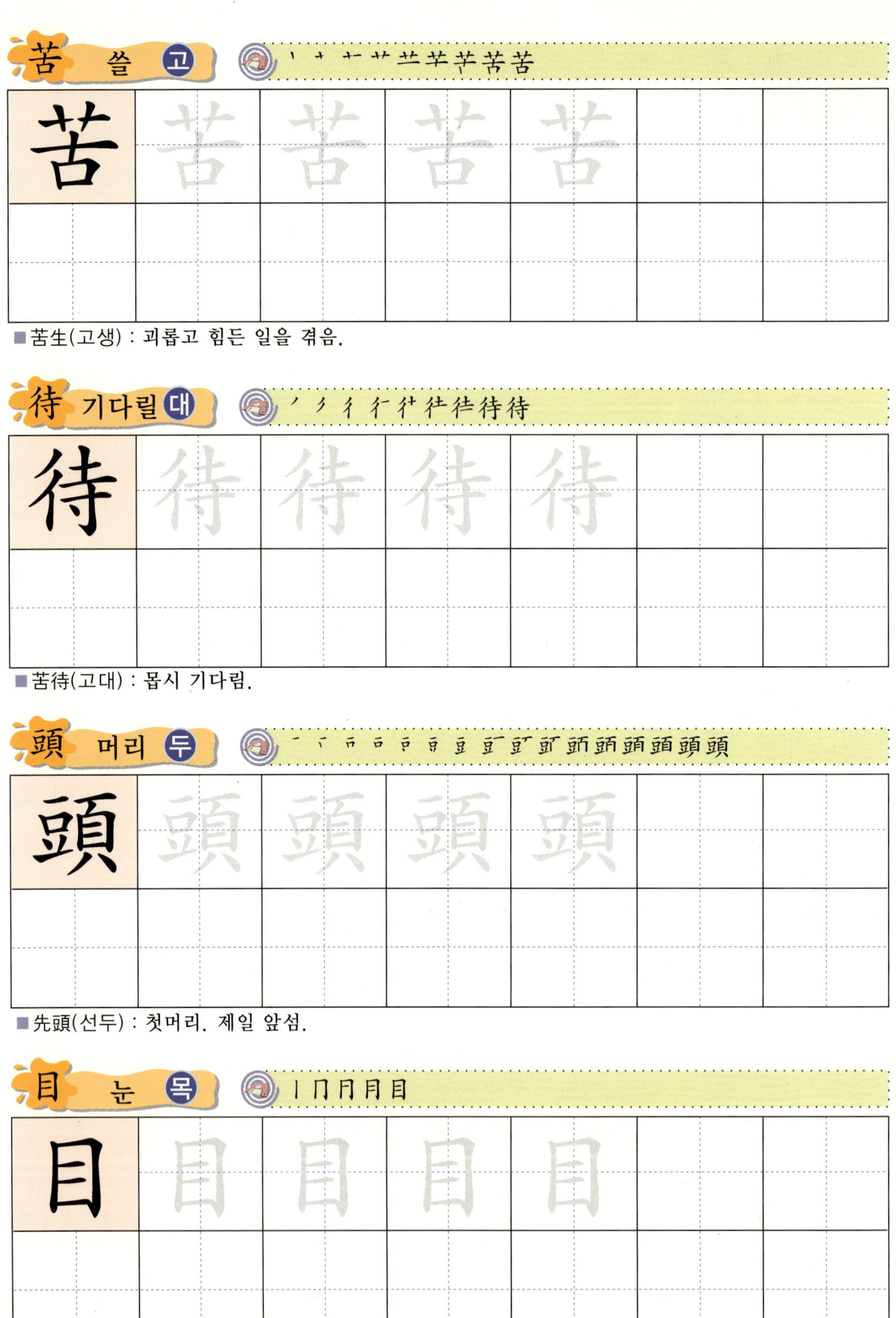

和 화목할 화　　㇐ ㇐ 千 禾 禾 和 和 和

| 和 | 和 | 和 | 和 | 和 | | | |

■ 和音(화음) : 높낮이가 서로 다른 두 개 이상의 소리가 함께 어울리는 것.

合 합할 합　　ノ 人 𠆢 仒 合 合

| 合 | 合 | 合 | 合 | 合 | | | |

■ 和合(화합) : 화목하게 합함.

정답

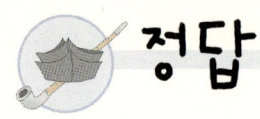

정답

연습문제 1회　　　》 20~21쪽

1 노약자
2 야학
3 강력
4 反
5 書
6 表
7 理
8 今, 이제 금
9 弱, 약할 약
10 近, 가까울 근
11 生, 날 생
12 晝
13 光
14 省
15 意
16 理
17 由
18 明
19 近
20 讀

연습문제 2회　　　》 34~35쪽

1 느낄 감
2 오얏 리
3 재주 술
4 볕 양
5 音樂家
6 樹立
7 太陽
8 英語
9 交
10 果
11 雪
12 米
13 풍광
14 동심
15 학급
16 초근
17 太
18 訓
19 (1) 英國　(2) 美國　(3) 韓國
20 (1) 數學　(2) 美術　(3) 音樂

정답

연습문제 3회 »48~49쪽

1. 함께 공
2. 뿔 각
3. 특별할 특
4. 나눌 분
5. 庭
6. 信
7. 聞
8. 別
9. 地球
10. 黃金
11. 信號
12. 公園
13. 외부
14. 석공
15. 사회
16. 공정
17. 公
18. 社
19. 代
20. 現

연습문제 4회 »62~63쪽

1. 생활, 운동
2. 수평선
3. 주유소
4. 族
5. 速
6. 身
7. 行
8. 모양 형
9. 옷 의
10. 놈 자
11. 통할 통
12. 속성
13. 선로
14. 용기
15. 복용
16. 衣食住
17. 形體
18. 親近
19. 安全度
20. 體育時間

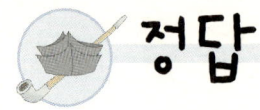
정답

연습문제 5회 >> 76~77쪽

1 모을 집
2 셈할 계
3 그림 도
4 글 장
5 병석
6 승전
7 각계
8 例
9 窓
10 半
11 失
12 區
13 作
14 ㄴ
15 ㄱ
16 ㄹ
17 ㄷ
18 ㄴ
19 ㄷ
20 ㄱ

연습문제 6회 >> 90~91쪽

1 ㄹ
2 ㄱ
3 ㄴ
4 ㄷ
5 출발
6 입학식
7 성공
8 이용
9 朴
10 急
11 높을 고, 古
12 부릴 사, 事
13 차례 제, 弟
14 開
15 飮
16 業
17 番
18 朝
19 京
20 野

연습문제 7회

1 그림 화
2 과목 과
3 나눌 반
4 대할 대
5 애국
6 작년
7 평등
8 向
9 銀
10 溫
11 昨
12 定
13 淸
14 ㉢ 시
15 ㉠ 재
16 ㉡ 손
17 ㉣ 양
18 本
19 言
20 藥

연습문제 8회

1 방학
2 고대
3 다행
4 화합
5 ㉡ 두
6 ㉢ 당
7 ㉠ 대
8 多
9 合
10 目

예상문제 1회 >> 1~2쪽

1 도리	24 야구	47 줄(선) 선	70 手話
2 개방	25 조손	48 살필 성	71 電氣
3 영원	26 시작	49 글 서	72 海軍
4 동력	27 두각	50 다스릴 리	73 晝夜
5 하복	28 각별	51 밝을 명	74 大學生
6 표현	29 근본	52 이로울 리	75 校門
7 특별	30 과학	53 대할 대	76 ①
8 통신	31 미풍	54 높을 고	77 ③
9 현재	32 소감	55 집 당	78 ②
10 학급	33 예식	56 自然	79 ④
11 정원	34 서울 경	57 農村	80 ②
12 작업	35 법 식	58 食口	81 生
13 문답	36 기름 유	59 住所	82 長
14 각도	37 맑을 청	60 朝夕	83 百
15 매일	38 친할 친	61 動物	84 ②
16 공장	39 통할 통	62 國語	85 ①
17 과수	40 모일 회	63 工夫	86 흰 눈
18 감동	41 향할 향	64 後食	87 길
19 농사	42 잃을 실	65 東西	88 2
20 구분	43 밤 야	66 兄弟	89 4
21 교육	44 따뜻할 온	67 里長	90 ③
22 부분	45 동산 원	68 老人	
23 출석	46 몸 신	69 國花	

정답

예상문제 2회 · 3~4쪽

1 가족	24 반음	47 바람 풍	70 正午
2 동심	25 병약	48 다행 행	71 五色
3 미술	26 산간	49 눈 목	72 同生
4 산수	27 사용	50 들을 문	73 家長
5 속도	28 발신	51 이룰 성	74 車道
6 식물	29 번호	52 나눌 별	75 空氣
7 안심	30 반성	53 겉 표	76 ②
8 양지	31 석양	54 차례 제	77 ③
9 음식	32 민족	55 창 창	78 ①
10 자신	33 수목	56 山川	79 ①
11 제목	34 사라질 소	57 歌手	80 ③
12 편지	35 공 공	58 休日	81 百
13 행운	36 빛 광	59 花草	82 萬
14 형식	37 사귈 교	60 電話	83 同
15 화초	38 많을 다	61 祖上	84 ①
16 해양	39 자리 석	62 生命	85 ②
17 신문	40 물댈 주	63 姓名	86 몸무게
18 야외	41 기다릴 대	64 每日	87 일을 나누어 함
19 은행	42 읽을 독	65 國旗	88 2
20 의약	43 아이 동	66 安全	89 7
21 주소	44 같을 등	67 有名	90 ③
22 직선	45 예도 례	68 敎室	
23 집합	46 다닐 행	69 市場